愛のエネルギー家事

めぐる
お金と幸せ

加茂谷真紀
Maki
Kamoya

すみれ書房

この世に生まれたとき、空気をすってはくことが保障されました。
お金も同じです。
必要なだけ、与えられます。
空気は自然に享受し、にこにこしているのに、
お金という言葉、お金という概念には、
ずいぶんと手あかがついてしまいました。
ここで一度、原理原則にもどりましょう。
お金を得るために躍起になってがんばらなくても、大丈夫です。
お金は、空気のようにそばにあるものです。
毎日、穏やかな心で、すって（得て）はいて（使って）を繰り返せば、
幸せな付き合い方ができます。
空気もお金も循環そのもの。
循環が止まることはありません。
だとしたら、飢えることも路頭に迷うことも、
すべてが幻想だとわかります。
明日の朝、空気がなくなってしまうことなど、ないのです。
さあ、もう一度、すって、はいて、愛をめぐらしていきましょう。

はじめに――あたたかくめぐらす。入口も出口も封鎖しない

めぐるお金と幸せ。「愛のエネルギー家事」シリーズ3作目である本書のテーマです。

最初に申し上げておくと、億万長者になる本でもなければ、大儲けしてドバイに住もうという本でもありません(笑)。

心と体が、すーっと軽くあたたかくなるような、お金や物との付き合い方を考えていく本です。

あなたは今、お金についてどんな悩みを抱えていますか?

「お金がない」という欠乏感に悩まされていますか?

将来が不安で「貯金しなくちゃ!」と焦っていませんか?

ほしいものがあるのに、買えないさみしさを感じていませんか?

隣の人よりお金がないことに、コンプレックスがありませんか?

「もっと稼ぎたい!」と自分への期待に胸をふくらませて、体に力が入っている人もい

るかもしれません。

この本を読み終わるころには、そのようなお金への意識が霧が晴れるように消えて、空気をすってはくように、お金のことをほとんど考えなくてすむようになっているはずです。


自然に稼げる、自然に使える、自然に貯められる。

時々お金の悩みが頭をもたげても、体が解決法を知っている。

肩に力を入れなくても、ふんわりにこにこお金をめぐらすことができる。

あなたのまわりは大好きな物だらけ。

きっとそうなります。


「必要」という考えを手放す。

「不足」は妄想だと心得る。


最初はむずかしいでしょう。でも無理をせず、深く呼吸できる選択を繰り返していけば、心地のよいお金や物たちが、そばにいてくれるようになると思います。

いっしょにやさしいお金をめぐらしていきましょう。

加茂谷真紀

CONTENTS

はじめに――あたたかくめぐらす。入口も出口も封鎖しない　2
第1章　お金と幸せの関係――不足は幻想　5
第2章　使い方が大事――支出は愛情　39
第3章　物と家と友情――身のまわりを整える　87
第4章　「稼ぐ」をやわらかく――仕事の知恵　119
第5章　めぐるお金と幸せ――贈り物と寄付　177
おわりに　196

第1章　お金と幸せの関係——不足は幻想

いちばん大切なのは
人の心。
お金より
あなたの心地よさを
優先します。

本書は、「愛のエネルギー家事」シリーズの第3作目となります。「家事が苦手」「やるべきことに押しつぶされそう」と思っていらっしゃる方に、次のことをお伝えしたくて、これまで2冊の本を書きました。


家事とはあなたの手を使って、住む人に愛情を伝える行為。

自分自身や家族、ともに暮らす動植物たち、言葉を発することのない物たちへの愛情を手渡すことができる。

あなたが心をこめておこなったことが、みんなの気持ちを明るくする。

あなたの手がすべての始まりになって、その明るいエネルギーが、住む人に、家の中に、家の外にも伝わり、循環していく。


私は、家を明るく元気な愛のエネルギーで満たすことこそが、家事の本来の意義であると思っています。

今日は家事よりアイス優先！
宿題よりアイス優先！

そのためには、人の心をいちばんに優先しなければいけません。

人の心よりも大切なものはないはずなのに、しばしばノイズが入ります。それが、お金優先、効率優先の考え方です。

お金のために、無理をする。

お金のために、がまんする。

効率を優先して、心をおろそかにする。

効率を優先して、子どもを叱る。

その優先順位を変えてみましょう。

まず今の気持ち、自分の心地よさを大切にして、やりたくないことはやらない。

心配はいりません。

お金や効率をあとまわしにして、「自分の機嫌のよさ」「気持ちの明るさ」を優先していると、結果的にお金は入ってきて、効率もよくなります。本当のことです。

不足から考えない。必要なものはすべてすでに手元にそろっている。

そもそもお金とは何でしょうか。

世界中の人が「もっとほしい」と願うもの。

だれもが「足りない」と悩み苦しむもの。

「ほしくて、足りないことを恐れるもの」。それが、お金の「現在の姿」ではないでしょうか。

一方で、お金持ちの悩みも耳にします。お金があっても病に臥している。お金のせいで家族が不仲になった。お金持ちなのに諍《いさか》いが絶えず親戚や兄弟と裁判で争ったなど、胸が痛む話も繰り返されるのです。


ここで、「お金がなくても幸せだよ！」と言うと、浅薄な一般論に聞こえてしまうでしょう（実際、お金がなくても幸せでいられるのですが、まだみなさんはお金は多いほうがいい、と思っていらっしゃる）。

そこで、まずは「不足」という満たされない気持ちについて、考えていきます。

「不足」という概念は「必要」から始まります。

でも実は「必要」は、すでに「ある」のです。

ここを誤解されている方がいます。

まず、「ある」ものを見ること。「不足」ばかり見ないこと。

「必要なものは、すべてそろっているのではないか」というあたたかい問いを立てて、自分の暮らしを定義し直してみてください。

なぜなら、**「足りない」から始まった物語は、どこまでいっても「足りない」のです。**

「満たされている」から始めてみたら、どんな状況でも、満たされます。

つまり幸せを決めるのはお金ではありません。不幸を決めるのもお金の不足ではありません。

それでもなお、「足りない」「必要なものが買えない」と感じる方は、今大きなチャンスの前にいます。

実は、あなたには
お金がある。
「今あるお金」を
発見する。

お金が足りないと感じているなら、「見立て」を変えるチャンスです。

ここでいう「見立て」とは、**「出来事を見て、自分の心を自分で選び、定めること」**を意味します。

目の前の出来事のどこを見るか、自分で決めることができるよ、ということです。

たとえば、自然災害で家が流されたけれども、命は助かったという状況があるとします。そのとき、自分自身にどんな「レッテル」を貼るのか。

A　絶体絶命の状況で、命が助かった運の強い私

B　住む家をなくした不運な私

ひとつの現象で、「運がいい」とも「不運である」とも言えるのは、「見立て」の差です。

お金の場合も同様です。

今、手元にあるお金の量に対して、自分がどんな見立てをしているのか整理してみます。

同じ金額のお給料でも、

「これだけしかもらえない不運な人」なのか。

それとも「こんなにもらえるラッキーな人」なのか。

現在の自分の経済状況について、「ある」＝ポジティブな見立てと、「ない」＝ネガティブな見立てをしてみましょう。頭の中だけで整理するのは大変なので、書き出してみるとわかりやすいと思います。

「東京近郊在住・共働き・世帯年収９１０万円・子どもふたり」の40代の女性の例をご紹介します。

［ない］

・家が狭いのにまだローンが残っているので広い家を買うお金はない（眺めがよくて、自分の仕事部屋がある家に引っ越したい！）
・リフォームもできない
・新車が買えない

・子どもを中学受験させるには、家計が苦しい
・子どもの習い事を増やせない
・焼き肉屋さんに2カ月に1回しか行けない（高級焼き肉じゃなくても！）
・子どもを留学させてあげられないだろう
・長年ずっとほしいティファニーのネックレスを買うことができない
・ブランドバッグやブランド時計、デパートコスメが買えない（ママ友はみんな持っている！）
・本物のパールのネックレスがほしいのに買えない
・エステやマッサージに行けない
・海外旅行ができない
・転職したいけど、年齢的にできない

［ある］

・貯金は200万円ある
・仕事があり、定収入がある
・中古車はある
・週に2回、1000円ランチが楽しめる
・子どもにピアノとバレエとサッカーを習わせることはできている
・夏休みと冬休みに関西の実家に帰省できる
・毎年1回、キャンプに行ける
・毎年1回は、テーマパークに行ける
・お正月の福袋が買える
・夫がジムに通えている
・私もヨガとピラティスに通えている
・大きめのトートバッグを買った
・スニーカーを新調できた
・たまには家族で外食できる

このように書き出していると、ふしぎとお金や物以外のことも頭に浮かんでくるはずです。

［ある］（お金以外のこと）

- 図書館が近くて、本が読み放題
- 実家は遠いけど、農産物がたくさん届く
- 夫が料理上手
- 狭いけど、駅から近くて住みやすい家
- 安くて新鮮なスーパーが近くにある
- 近所に広くて気持ちのいい公園がある。
- おいしくて安いラーメン屋さんまで徒歩5分
- 学生時代の友だちとたまに会うのが楽しい
- 娘がお笑いのセンスがあっておもしろい
- 息子はサッカーがうまい
- 娘は勉強好きで塾いらず

・家族が健康
・飼っている猫がかわいい

あなたも同じようにやってみましょう。

書き出したら、「ない」と「ある」を声に出して読み、体の変化を観察してみましょう。「ない」を口に出してみたとき、呼吸が浅くなり、目線が下がり、背中は曲がります。体も斜めになります。腕が縮んでひっこみます。体全体がビビるエネルギーに包まれて、動けなくなります。

「ある」を口に出してみたら、呼吸が深くなって、手先と足先があたたかくなります。首が伸びて、背筋が伸びて、腹筋が強くなります。体全体の筋肉が、5センチくらい空に向かって上がるような、そんなイメージです。今すぐ走り出すことができそうです。

つまり、「ない」を考えると動けない。

「ある」を考えると、動きたいときに動ける。

その差があります。そこが重要な点だと考えています。お金の不足をなげいて動けなくなるあなたと、今現在「ある」ものを見つめて軽やかに動くあなた。どちらを選びますか。

自分の心や考えを選び、定める自由が、人にはあります。「ある」と定めたからといって、お金が増えるわけではありません。しかし、はっきり申せば、健康にはなるのです。

「ある」を見つめることは、お金が「ある私」という「感覚」に持っていき、まず自分を満たす技術です。

先に満たしておくと、感情や思考や行動が前向きになります。すると、いい職場に転職できたり、人間関係によい変化が起きます。その流れで仕事が増えてお金がやってくるのです。

「全日本不幸選手権金賞＝私は幸せではありません」と書かれた目に見えないたすきを、肩に掛けながら生きている人に、お金や幸せは近づいてきません。

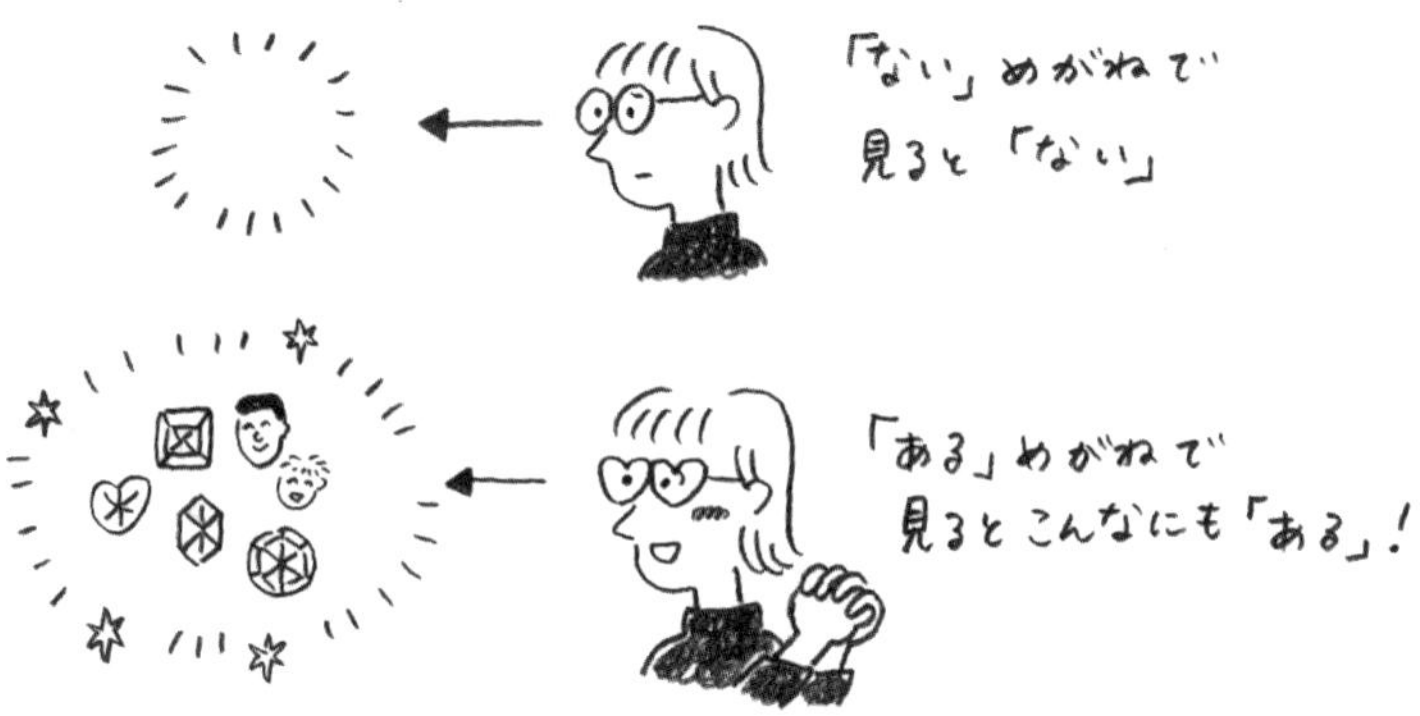

この「見立て」を変えることを、心理学用語では「リフレーミング」と言うそうです。めがねをかけかえるという意味ですね。

欠点や不安といったネガティブに思える事象も、新しいめがね（新しい解釈）でとらえ直していくと、欠点は長所に、不安は安心や期待に変えられるという考え方です。

すべての問題が「見立て」で解決するとまでは言えませんが、お客様とのセッションを通して、かなりの確率でうまくいくと実感しています。

「不足している自分」ではなく、まずは「足りている自分」とし、喜びの「見立て」をする。

するとスルスルッと心のわだかまりがほどけ始めます。

案外ありがたい暮らしをしているなと気づけば、喜ばしい自分が「こんにちは！」と登場します。

「見立て」を変えるには、他者の力を借りる。

前ページまでで「見立て」を変えられましたか？

この見立てを変えるというのは、実はすごく簡単なことなのです。今いる場所から、ひょいと隣の場所に移動するだけ。古いめがねを一瞬でかけかえるだけ。

ですが、「ない」にばかり気を取られていたり、一時的に「ある」を意識できても、どうしても形状記憶のように「ない自分」にもどってしまうことはあります。それはあなたがマイナス思考だからではなく、出会いが足りないのです。

なんで私はマイナス思考なんだ、なんで私は不安を感じやすいんだ、などと自分を責めず、人と会って人の力を借りてください。外に出て、人に会って、満たされている人を身近に見て、そのまねをする、というのがいちばんの方法です。

あなたの近くに、お金持ちでなくても、大会社に勤めていなくても、なんだかとっても幸せそうでにこにこしている人はいませんか？（実は家族のなかにいたりします。お子さんなど）

合唱の市民サークルに入ったら
一気に20人の知り合いが増えた！

学生時代は進学やクラス替えで、一気に知り合いが増えて、たくさんの刺激をもらえたのですが、大人になるとなかなかそういう機会がありません。

ですので、自分から一歩踏み出す必要があります。たとえば、習い事を始めたり、市民サークルに入ったりすると、10人〜20人の人と一気に知り合えます。

「**ひとクラス分くらいの新しい人と知り合うには**」という視点で、近所のコミュニティを見渡してみましょう。出会った人のなかにはかならず、満たされてにこにこしている人がいるはずです。困ったときほど、いい出会いがやってくるというのが、私の持論です。

はっきり申しますと、自分で自分を変えることはなかなかできません。結局、**自分の心や考え方を変えてくれるのは他人です。**「本」も他人との出会いの一種なので、本屋さんに行くのもおすすめです。

手元になければ未来に向けて行動する。ひとつ動けば、お金を得られる。

「これだけお金がある」

「これしかお金がない」

見立ての選択肢は、このふたつだけではなく、その中間の視点で、「今はこれだけでもひとまずありがたい。ああ、深呼吸できる。あとはきっとなんとかなるだろう。これから状況はよくなるはず」。そのような未来に希望を見いだすものもあります。

私は自分の人生で3番目の考えを常に心がけていました。これは、笑っちゃうほど手元にお金がないときに、有効です。

私自身の昔話をさせてください。

過去、何度か「窮地」と呼んでもいい状況に陥ったことがあります。

結婚してから半年後、料理人の夫が自分の店を開くことになりました。国民生活金融公庫（現・日本政策金融公庫）で500万円のお金を借りて、埼玉県に小さな洋食店をオープンしたのです。それから半年後に出産し、乳飲み子を抱えながらの自営業です。

1年目の年収は忘れもしないマイナス280万円でした(!)。3年目までマイナスが続き、4年目でようやく黒字。とはいえ年収は25万円(!)。5年目以降の平均年収は200万円くらいだったと記憶しています。

ランチが何回転もするほどお店は繁盛しましたが、良心的な値段で商売をしていましたので、暮らしはラクではありません。子どもの就学援助制度を利用していた時期もあります。

経済的には暗黒の時代です。一方で、心が育った時代でもありました。今振り返っても、それはそれは楽しい思い出がたくさんあります。

図書館で毎回貸出限度いっぱいの15冊の本を借りて、娘とワクワクしながら自転車で帰宅したこと。市民プール（200円）におにぎりを持って行って1日遊んだこと。キャンプやハイキングにもよく出かけていました。そのころはキャンプ場の料金が200円。山の帰りの温泉も楽しかったなあ。

誕生日には夫がケーキを作ってお祝いしてくれました。

公園のフリーマーケットで500円で手に入れたミキハウスのジャンパーは、とても丈夫で数年活躍してくれました。

6年目にやっと娘に習い事をさせることができ、月謝4500円のスポーツクラブで娘はバレエを習って、その後はピアノ教室にもささやかな月謝で通うことができました。

たくさんの「ある」を実感しながらすごした日々で、お金のことで心が暗くなることはなかったのです。

あるとき、店の備え付けのクーラーが壊れて、修理不可、交換に200万円かかるとなったとき、「ここがやめどきだ」とわかりました。

11年続けたお店を卒業したのが3月末のこと。閉店を決めた3月はじめ、来月の収入の目処は立っておらず、翌月から夫婦そろって所得がゼロになる予定でした。

しかし、4月1日から時給1400円の派遣社員に決まったので、

お金がないときに お金をかけないで 暮らしを楽しむと 心が育つ

もううれしくて飛び上がりました。

5月には20万円弱の給与が振り込まれ、「こんなにもらえるんだ!」と大興奮し、家族に報告会です。

喜びいっぱいで働いていたら、どんどん昇格していき、あっというまに時給1600円に。短期間での昇給は、エクセルもワードも使えなかったノンスキル三十路の浦島太郎女子には、驚きとしか言えませんでした。

毎日が新鮮で楽しくて、6階のオフィスまでルンルンと階段を上って出勤していたのを、よく覚えています。

この、私の苦労話(自慢話!?)の肝は、「すぐに動けた」ところにあります。店を閉めることを決めて即、派遣会社に登録して、翌月から働き始めた点ですね。

インターネットが普及していない時代でしたから、新聞の求人広告に情報を求め、派遣会社に応募し、電話オペレーターの仕事が決まりました。このとき、「何がなんでも正社員」などとは思わず、よさそうだな、と思ったところにお世話になることにしました。

軽く行動できたのは、貧しくても卑屈にならず、いつも生活の中の「ある」を実感して、満たされていたからだと思います。

お金は、動かないと入ってきません。

会社がいやになったらネットで転職活動をする。病気で働けなくなったら、役所に相談に行ってみる。

困ったな、ピンチだなというとき、行動すればお金が入ってくるようになっています。

最初はパートからでも、楽しくやっていれば時給は上がるし、正社員になりませんか？と声がかかることもあります。

手元を見て、「ああ、今はこれだけある。きっとなんとかなるだろう」。そうやって明るい未来を信じると、行動でき、そのとおりの明るい未来がやってきます。理想論ではなく、本当のことだと思っています。

「金運」は「人の運」。つまり、「言葉の運」です。

「金運ってそもそもなんですか？　お金の運って存在するんですか？」

本書を作る前に、編集者さんからいただいた質問です。

金運＝お金に恵まれる運、お金が入ってくるめぐり合わせみたいなものは、存在すると思っています。

生まれ持った運もありますし、金運がいいとき金運がないときといった、時期的なものもあります。金運がないときといっても、長いスパンで見れば、稲作の田起こし、苗作り、田植え、収穫と同じように、人生にもお金が入るまでの仕込み時期があり、その期間はお金が入らないというだけの話です。

生まれながらに金運がある人は、顔を見ればわかります。いわゆる「福顔」です。人懐こい顔で、笑っているように見えて、人気があり、にこにこと明るいオーラを放っているような人が、あなたのまわりにもいませんか？　このタイプは、お金に困らないはずです。

「生まれながらの運」と書きましたが、お金の運は変えられます。

金運というのは、人の運だからです。

人の運は言葉の運です。言葉をなめてはいけません。

人の運がある人は、やっぱりいい言葉を使っています。

いい言葉とは、「だれかを喜ばせる言葉」です。まず自分へ。それから家族、友だち、同僚、上司に。言われたらうれしくなるような、安心するような言葉を使える人は、金運がいいのです。

自分やだれかのことを、正しくあたたかく見て、

「お疲れさまでした。大変でしたね～」

とねぎらいの言葉をかけられる人、

「その服、似合ってますね！」

と気持ちよく（でも軽く）ほめ言葉を投げかけられる人、

「大丈夫ですか？」

と、落ち込んでいる人に、ひと言かけられる人。

いい言葉を使っている人が、お金に困ることがないというのは、私がわざわざ説明せずとも、わかっていただけると思います。

お金の不安を感じたとき、その不安を上手にキャンセルする。

「もっと貯金しないと老後が心配」
「会社を辞めたいけど、辞めたら食べていけるだろうか」
「この商品が売れなかったら、どうしよう……」
「病気になったらどうしよう……」
「離婚したいけど、お金の不安があるから離婚できない。今さら再就職できない」

このような不安は「うその言葉」です。

実際には起きていないことだからです。

お金の不安を感じている人は、おしなべて「将来」という言葉をよく口にされます。つまり、まだ今は困っていないのです。

不安感は、冷たくて窮屈で悲しくて痛いエネルギーです。あなたを「自然なあなた」「あなたらしいあなた」から遠ざけます。

「あなたらしさ」とは、「あなたの本来の性格」という意味ではありません。「本来の体の状態」という意味です。呼吸がスムーズで口角が上がっている、背筋が伸びて、歩幅が広い。自分の体をいじ

めない、無理をさせないような状態です。

試しに今、何か不安になることを思い出してください。肩がぎゅっと縮こまり、鎖骨が痛み、呼吸が浅くなり、猫背になります。口角が下がります。目もどんより細くなります。腹筋が弱くなり、あなたは、椅子にどっかり寄りかかりたくなりました。やる気も失い、気分は最悪。胸に鉄板が乗っているような重さがあり、しんどいなとため息ひとつ。

そんなことを、感じていただけましたでしょうか。わざわざそんな体験をしてもらったのは、**不安は一瞬で起きるから、一瞬で消すこともできる**ということをお伝えしたかったためです。

生きる上で、不安にならない人はいません。だれもが時に迷い、悩み、不安になりますし、危機感を感じて暮らしの準備をコツコツすることは当たり前です。

つまり、不安感は、よりよい自分になるために使えるのです。

不安を感じたら、不安を感じない自分になるために行動するタイ

ミングです。現実的に解決できることは、さっさと行動に移し、一歩進みます。行動でどうにもならない、つまり今考えてもどうしようもない不安については、

「あっ、まちがっちゃった！　うっかり！　今の（考え）はキャンセル！」と、声に出して、delete（削除）ボタンを押しましょう。頭の中の「病んだ言葉」を消すのです。

　これはおまじないではなく、ある種の技術です。何度か試すとだれでも不安の言葉を削除できるようになります。

　このキャンセルの方法に慣れるまでは、またいやな考えがムクムクわいてくるかもしれません。それで大丈夫。わいてくるたびにキャンセルすればいいだけです。うまくいかない、不安が消えないと自分を責めないで「またキャンセルしてみよう」と繰り返しやってみてください。

　不安のエネルギーで生きるのか。愛のエネルギーで生きるのか。どちらも、自分で選べるということを、忘れないでくださいね。

貧乏マインドの体が、言葉のツボ押しでまたたくまにお金持ちマインドの体に変わる。

心を知るのはむずかしい。自分や自分に近い人の心ほど、よく見えなくなってしまいます。そんなときは、体を見てみましょう。心の状態は、体に表れます。貧乏マインドの体、お金持ちマインドの体を、ここでご紹介します。

貧乏マインドの体はこんな感じです。

体が斜め。片方の肩が上がっていて、寄りかかっている(たいてい左側によりかかっている)。目線が斜め下。全体がゆがんでいるので入口が狭くお金はあまり入ってきません。

お金持ちマインドの体はこんな感じです。

体全体が真正面を向いて、耳も前を向き目がキラキラしている。肋骨が開いて、乳首が前を向いている。明るくあたたかい大きな筒のようなイメージ。たくさん入ってきて、たくさん手渡せる。そんな体です。

あなたの体はどのようになっていますか?

実はこのマインド=体は一瞬で変えられます。言葉のツボ押しで

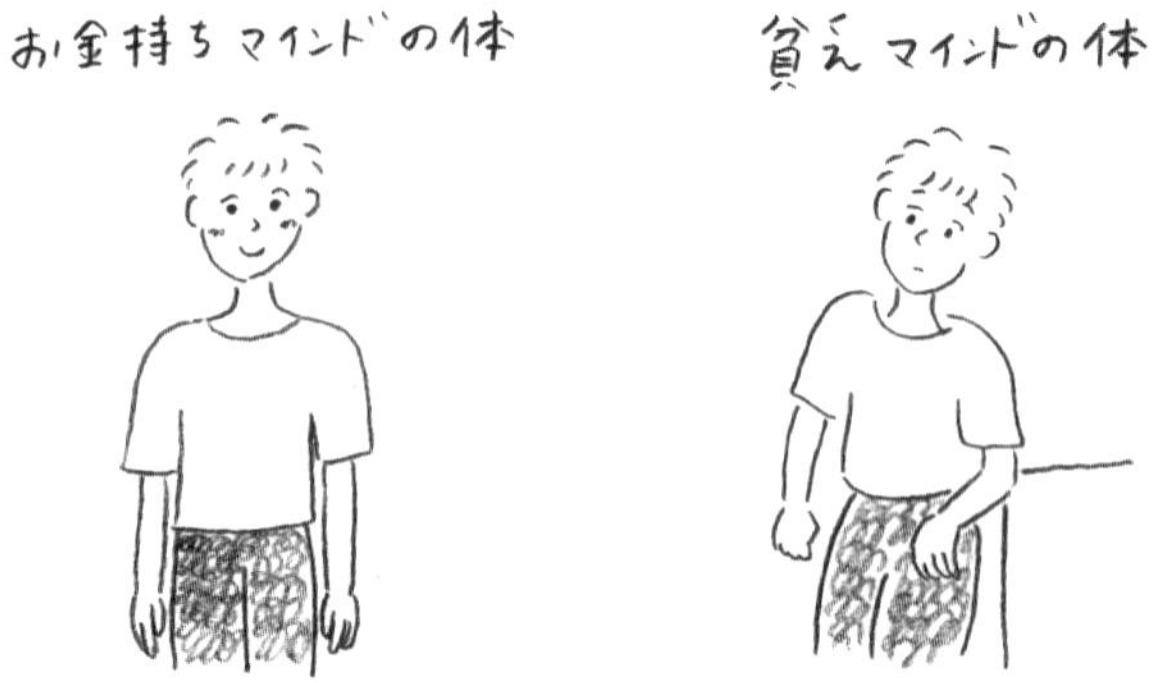

変わるのです。

セッションのはじめ、貧乏マインドの体だった人が、お話しているうちに、体の向きががらりと変わることがよくあります。

「あなただからできたんですね」

「後輩から信頼されているんですね」

「あなたが繊細だからこそ、他人の悩みに気づけたんですね」

その人の長所が自然に見えてくるので、それを言葉にすると、いらしたときとは別人のような体になって帰っていかれます。ほとんどの方がご自分の長所に気づいていないのです。

これをぜひ、セルフでやってみてください。自分の長所を自分に教えてあげるイメージで、言葉をかけます。言葉で心が変わると体が変わります。逆もしかりで、体が変わると心が変わります。

そして、体と心が変わったら、お金が入ってきます。

たくさん受け取れて、たくさん渡せる。入口と出口が封鎖されていない。そんな体になりましょう。

1

仕事で悩んでいる人へ、解決法ではなく「あなたしかできない」と言葉をかけたら、背筋がすっと伸びて、目が前を向きます。

あなたしかできない
仕事ですね

2

子どもの学校での悩みに、「〇〇ちゃんは大人っぽいんだね」「そこがあなたの長所だよ」という言葉をかけたら、顔つきが変わったというエピソードがあります。「気にしなくていいよ」となぐさめるより、その子の本質を称えて認めることが大切です。

〇〇ちゃんは
みんなより大人っぽい
んだね

3

ある失敗続きの看護師さんに、師長さんがかけた言葉も、その人の本質を称えて認める言葉でした。一瞬で頬に赤みが差し、がんばろうというやる気が再燃したのがわかりました。

あなたが
いるだけで場が
明るくなりますよ

自分がお金をもらう価値のある人間だと思っていますか？

金運を上げたいんです、と言われたときの私の答えは、

「運がいいと思ってね！」

の一択です。

「運」と言うと話がややこしくなるので、違う言い方をしますと、

「自分は、お金をもらったり、サービスを受けたりする価値のある人間だと思ってね」

という意味です。

なぜなら、お金がほしい、金運を上げたいと言いながら、みずから遠ざけている人がとても多いからです。

明らかなチャンスが訪れたときに、「私なんて」「どうせできない」「プレッシャーが……」など、なぜか卑屈な気持ちになって、収入が増えない道を選んでいませんか。

また、人からもらうお金を必要以上に恐縮して拒否する人もいます。ずるいことをしてせしめたわけではなくて、あなたに価値を感じているからこそ、チャンスもお金もあなたのもとにやってくるの

に、受け取らない（受け取れない）。相手は、価値を感じて払ってくれているのに、です。

困窮したとき、国からもらえるお金が発するメッセージもやっぱり「あなたは生きる価値がある。このお金で生きてね！」というものです。

お金を受け取れない、収入が増える道を選べないという人は、「もらう」に慣れる必要があります。

「ありがたくいただきましょう♡」「もらえばいいの♪」

というアドバイスを本当によくします。

また、親が資産家でそれについて罪悪感を感じているようなタイプの人も、みずから稼ぐ道を避ける傾向があります。

「ありがとう」とにっこり笑って受け取り、お金を愛情に変えて、まずは自分や大切な人を喜ばせるために使います。そして社会に還元していけば、罪悪感を感じる必要はないのではないでしょうか。

不安で眠れない日、不安で目の前の仕事に手がつかないときに読んでほしい言葉です。

その不安は、あなたに責任がない。
その不安は、あなたが背負うものではない。
すぐに手放して大丈夫。
簡単に抜け出せるから大丈夫。

不安はあって当たり前。
無理に心から消そうとしないで、眠ればいいだけ。
眠れなければ、無理に寝ようとしなくてもいい。
深呼吸して、横になって音楽を聞けばいい。
夜感じた不安は、朝日を浴びると霧散する。
ゆったり朝を待ちましょう。

不安になったときの体の感覚は、苦しい、息ができない。

すごくいやな感覚。
そのいやな感覚を、長時間持ち続けると、体が先に病気になる。
いやな感覚は、生命力を下げる。
だから、不安は、生物としてはまちがっていると考えたい。
いやな感覚からは、真っ先に逃げ出すのが正しい。
体が感じるいやな感覚に、頭と心はしたがうべき。

お金の不安は、人間社会の不安。人間から離れて、海へ行く、
山へ行く、大きな公園でごろりとして空を見るのでもいい。
きっと、空から新しい考えが降ってくる。
解決法が、自然と見つかる。
靴をはいて、外へ出よう。窓から空を見上げよう。
空を見つめて、ひとつ深呼吸。
大丈夫です。あなたは守られています。

第2章　使い方が大事——支出は愛情

支出は
親切や愛情の表現。
自分への愛情を
出し惜しまないこと。

第2章はお金の使い方についてお話ししていきます。

お金を得る方法よりも先に、「使い方」について考えていくのは、使い方がいちばん大事だからです。

まずはじめに、白い紙を用意して次の問いへの答えを書いてみてください。頭の中で思い浮かべるだけでもOKです。

お金を使うのは、親切や愛情の表現です。
自分に親切にする、自分に愛情をかけると考えたとき、
あなたは何にお金を使いますか？

額は問いません。重要なのは「お金を使って自分への愛情を表現する」ということを、具体的に考えてみることです。

実は、このワークは以前、「すみれ書房の教室」で参加者のみなさんに体験してもらったものです。

それはそれはすてきな「愛情表現」がたくさんありました。

支出は愛情。
まず自分への愛情表現を
考えてみましょう。

前からほしかった家具を買いたい。

仕事用のバッグがくたびれているから、新調したい。

温泉に行きたい。

京都へ行って、大好きなお寺でぼーっとすごしたい。

本屋さんで本をたくさん買って、カフェで読みたい。

アロママッサージに行きたい。全身コースで疲れをとりたい！


みなさんに発表してもらったところ、私もほかの参加者のみなさんも、なんだかとてもあたたかく、幸せな気持ちで満たされました。

「うわーー♡　いいですね！　それ、私もやりたいな」

「すてき〜♡　どこのお寺ですか？」

自然に会話も盛り上がって、幸せを分けていただいたような、ホクホクした気分になったのです。

家具もバッグも温泉も京都も本もカフェもマッサージも、そのときはまだありません。でも幸せでした。

まだ手に入れていない物や体験のことを話しているのに、なぜでしょうか。それは、「お金」のことを話していないからです。

「自分への愛情表現」について話していたからです。

ここに、この本で大切にしたい真実があります。


お金を使うことは自分や家族への愛情表現です。そう言われて「食べ物や衣服など、最低限のものを整えるのに精一杯で、愛情をかける余裕なんてありません！」と反論が浮かんだ方もいるでしょう。

最低限のもの＝必要なものであっても、お金を使うことは愛情表現です。

だまされたと思って「必要経費」を「愛情表現」というめがねで見直してみませんか？

晩御飯の買い物に出かけて、特売のアジの干物を買うとき、「必要」という気持ちで買うとあなたの顔はきっと無表情です。

でもこのアジの干物が自分や家族への愛情表現だと考えたら……

今日の夕飯は
干物定食♡
ワクワク!

にっこり笑顔のはずなんです。

「おいしそうなアジが安くてうれしい〜♡」

大根の切れ端が冷蔵庫にあったな。あれをすりおろしておしょうゆかけて、炊き立てごはんと食べよう〜♡

同じ「アジ」、同じ「値段」でも、にっこり笑顔になることをわかっていただけますか?

まずは、「お金を使う」ことは、どんなに必要経費であっても「愛情表現・思いやり」である。これを胸に刻んでください。少しずつ、こわばった背中がやわらかくなっていきますので。

自分への思いやりを少額から練習してみる。

支出は愛情表現であり思いやりですから、自分のためにお金を使うことは、その金額が多くても少なくても、すてきなことです。ただし、金額という物差しにとらわれていると、金額が多ければ多いほど思いやりが深いという勘違いをしてしまいます。それは本当にもったいない。収入の額で人間の価値が決まらないのと同じように、金額の大きさは思いやりの深さとは関係ありません。

お金を使う前に、ごくごく少額から段階を踏んで練習してみませんか？　思いやり練習です。まずは0円から。

0円

- 図書館の休憩室でゆっくり読書
- 公園を散歩する
- 会社帰りに途中下車して、大好きなデパートでウインドウショッピング。美しい洋服や家具を見て、目の保養！
- 白い紙に自分の夢を書きまくる

100円〜500円

・公営のスポーツセンターとプールでがっつり運動
・カフェで1時間ぼんやり人間ウォッチング
・色つきリップを買う
・無印良品で小さなお菓子を買う
・古本屋さんをめぐってかわいい絵本をゲット
・春、桜色のマニキュアを買う
・おいしいパン屋さんでカレーパンとスコーンを買う
・早起きして市役所の朝市に行き、新鮮野菜を買う
・香りのいいハンドクリームを買ってゆっくり手のマッサージ
・コンビニスイーツを買う

500円になると、ずいぶん選択肢が広がりますし、会社帰りや学校帰り、家事の合間にすぐできることもたくさんありますね。

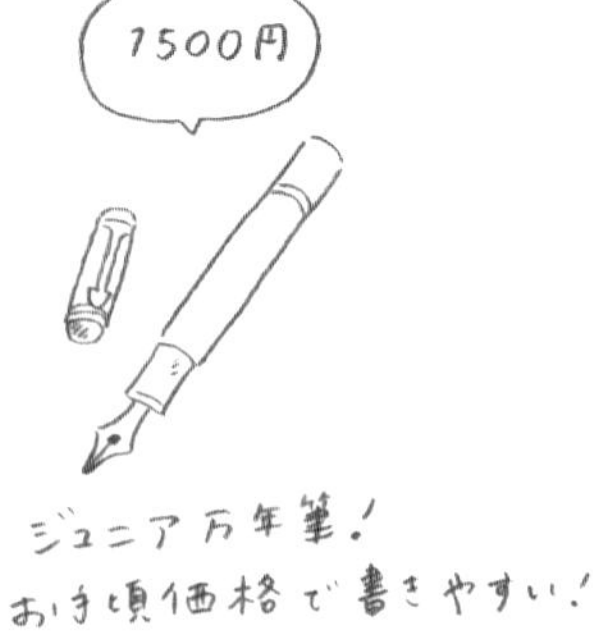

1000円〜2000円

・交通費をかけて大きな公園へ出かけ、ピクニック&太陽を浴びる
・すてきな文房具を買う
・おいしいラーメン屋さんに行く
・書店で雑誌や本を買う
・友人とお茶をする
・小物入れやポーチ、エコバッグを新調する

3000円

・映画鑑賞&カフェでお茶のぜいたくセット
・スマホケースを新調する
・Tシャツを買う
・昼呑みで、明るいうちからビール!
・習い事の体験授業を受けてみる(ダンス・ヨガ・太極拳・ピアノ・歌・華道・絵・習字・手芸・韓国語・英語・フランス語など)

5000円
〜10000円
傘と長ぐつを買ったので
雨の日がうれしい♫

5000円
・レインコート、傘、長ぐつなどの雨具を買い換える
・フレンチのランチコースでちょっぴりぜいたく
・海や山に行く
・有休を取って、神社めぐりの日帰り旅行

10000円
・スニーカーを買う
・ワンピースを買う
・日帰りで温泉やスパに行く（足裏マッサージつき！）
・整体や鍼灸に行く

金額の多寡にかかわらず、自分を喜ばせる支出だなと感じたら、迷わず自分への愛情表現を実行してみましょう。

自分への愛情支出
（最近の著者の例）

1

連勤明けの休日に、
近所のスパへ。
1万円弱で1日ゆっくり。
岩盤浴で4時間寝た。

2

駅ビルで見つけた
1500円のパール風
イヤリング。
顔まわりがピカッ！と
元気になった。

3

原宿駅上の猿田彦珈琲で
おいしいラテを飲む。
650円！
表参道の木々や人の流れを
眺めながら。

支出の優先順位は「今」。喜びを先送りせず、二度ともどってこない「今」にお金を使いましょう。

成功している人はみんな、お金の大切さより時間の大切さを説きます。時間は、どんな人にも平等に与えられていて、二度と取りもどすことができないもの。失った時間は、あとからお金で買うことはできません。

ですから、「今しかできないこと」にお金を使いましょう。

今しか観れないバレエ公演やコンサート、展覧会など。

今やるからうれしい、結婚のお祝い、家族そろっての外食。

今買ったら役に立つ、リモートワーク用の椅子、ロボット掃除機。

今会いたい、ふるさとの両親、海外に住む姪っ子や甥っ子。

「将来のため」と喜びを先送りせず、今のためにお金を使いましょう。第1章でさんざん不安を消す方法をお伝えしてきたのは、このためなのです！

なかでも、子どもの教育は、今しかできない最たるものと言えます（教育費については大切なので次項に詳説します）。

この「今、やりたい！」という気持ちこそ、お金よりずっと尊く、

あとからもどってこないものです。

本気でやりたいとき、しっかりお金をかけること。

「今、仕事時間も子どもとすごす時間も、どちらも確保したい！」なら、思いきって家事代行サービスにお金を使いましょう。子どもはあっというまに大きくなりますし、今しかできない仕事がありま す。

「今、どうしてもアジアを旅したい」

会社を辞めて1カ月、行ってきましょう。

「今、大好きなアイドルを応援したい」

推し活にたっぷりお金を使いましょう。

お金を使った、やりきったという記憶が、どれほど財産になるか。その人のその時間、その気持ちは、二度ともどってきません。タイミングは逃してはいけないと思います。

教育費は、貯金の強迫観念を捨てる大チャンス。ほかの心配は横に置いてフルスイング！

教育費は親の前に立ちはだかる大きな壁のようです。数百万円から数千万円。ワンルームマンションくらいは買えそうです。

しかしケチらないでください。本当に、ケチらないでください。

子どもの学費については、フルスイングすること。親が持っている力をじゅうぶんに発揮すること。学費という試合にだけしっかり集中し、ほかの心配は脇に置く。9回裏まで親は全力で投げ、走り、守ること。二度と会えない「今の我が子」に集中し、試合後の心配を試合中にしないことです。

なんとか間に合うお金があったのに、やりたいことができなかった、やらせてあげられなかった、と親子で悔やむことは避けたいものです。

親自身の老後の心配と「貯金脳」を頭から捨てる練習です。いったん、あとまわしにすることが極意です。

ごく最低限の備えはあったほうがいいですが、老後のために何千万円も貯金しなきゃという考えは捨てましょう。

仮に、今、保険や財形、積立をかき集めて200万円あったとします。この200万円をだれに献上するのか、ということなのです。20年後、30年後の少し老いた自分に残すのか。それとも二度とない子どもの12歳、15歳、18歳に献上するのか。どちらが健康的な考え方でしょうか？

実際、愛情たっぷりのお金を子どもに使えた人は、子どもが自立したときから、突然、親自身の将来のためのお金が貯まり始めます。何十万と出ていったお金が、ピタッと止まってくれます。そのころになると、子どもも稼げるようになっています。お金をかけて学ばせてもらった子どもだからこそ、自分の好きな仕事で稼げるようになっているというすてきなめぐりです。**教育は、愛です。愛を与えられた子どもは、愛を返せます。**

時代はどんどんやさしくなっています。学費の無償化や補助金制度、返済不要の奨学金制度など、あらゆる制度が新しくなりつつあります。学費にかぎらず医療や生活の手当てなども増えました。

社会みんなで、子どもたちを大事にしようという潮流は、少子化の恩恵です。安心の材料はあちこちに見えているのです。

どうぞ、できる範囲で（家が傾くほど無理をする必要はありませんが）教育費を出してあげてください。

ただ、教育費は見栄（親のエゴ）が混入しやすいので、注意は必要です。

子どもが海外に興味があって、「留学したい！」となったとき、少し無理をして留学費を工面するのは愛です。

子どもは留学したくないし、興味もないのに、「行きなさい！受験失敗したんだから！　箔をつけなきゃ！」（怖いですね……）は、支配です。教育費ではなく、恐育費。

子どもが望まないことを押しつけていたら、それはやさしいお金ではなく、まちがったお金になってしまいます。

知人は、大学生の娘さんが「ひとり暮らしをしたい」と言い出したとき、喜んで応援してあげていました。大学は家から通える距離

一時的にお財布が 空っぽになっても 大丈夫。

ですが、「彼女が家を出たいと思ったタイミングを大切にしたい。親元を離れて自立したいとまじめに考えているみたいだから」と、お子さんの意思を尊重していました。

私自身も、娘が大学生のとき、1年間の留学研修のお金を出しました。やはり本人が行きたい、と言ったタイミングに「今だ！」と思ったのです。

銀行口座は空っぽになりましたし、保険も解約しました。でも行かせて本当によかったと思います。帰国後、大きな歩幅で歩ける人間になったなあと感動しました。その後の人生において、お金を超えた価値が何倍にもなって返ってきました。

やりたいことすべてをやらせるのは無理です。だからこそ、子どもから発せられる**「今、本気でやりたい」というタイミングを逃さずに、「今だ！　えいっ！」とお金を出しましょう。**

自分を
大きく見せるために
お金を使っていると、
どんどん
苦しくなって
しまいます。

「人によく見られたい」

という心は、だれしもが持っていますが、いきすぎてしまうと、自分の大切な部分を損なってしまいます。

そして何より、周囲はあなたより先に気づいています。

「なんとなく無理をしているな」「痛々しいな」と察してしまうのです。

ブランド品で身を飾る場合も、本当に好きで大切に使っている場合は、「すてきだな、似合っているな」という印象を与えますが、虚栄心が物を愛する気持ちより勝ってしまっていると、

「お金持ちだと思われたいんだな」

「そういう価値観なんだな」

と、あなたの心のあり様が、想像以上にまわりの人に伝わってしまうのです。

知人が子どもの学校の保護者会へ出かけたところ、頭の先からつま先までブランド品でかためたお母さまが、「ボス」といった感じ

で大きな声で歓談されていたそうです。知人はそのお母さまのことを、「すてき」と思うのではなく、「威圧的で怖い」と思ったとのこと。こちらが恐怖を感じるときは、本人も恐怖のエネルギーを抱えていますから、ボスのように見えたお母さまの心は、恐怖でいっぱいだったのだろうと想像できます。「見栄」は、恐怖と不安のエネルギーなのです。

少し抽象的な話をします。

コンプレックスのある小さな自分像が心の底にあったとします。それを物や住まい（高級タワマン）などで大きな自分になりたい、もしくは、大きく見せたいと思ってお金を使います。

大きく見えるかもしれません。コンプレックスは消えたように思えるかもしれません。でも、本当の自分は小さいままです。

小さな自分と、大きな見た目との差に苦しみ、「もっと、もっと」という欲が生まれます。

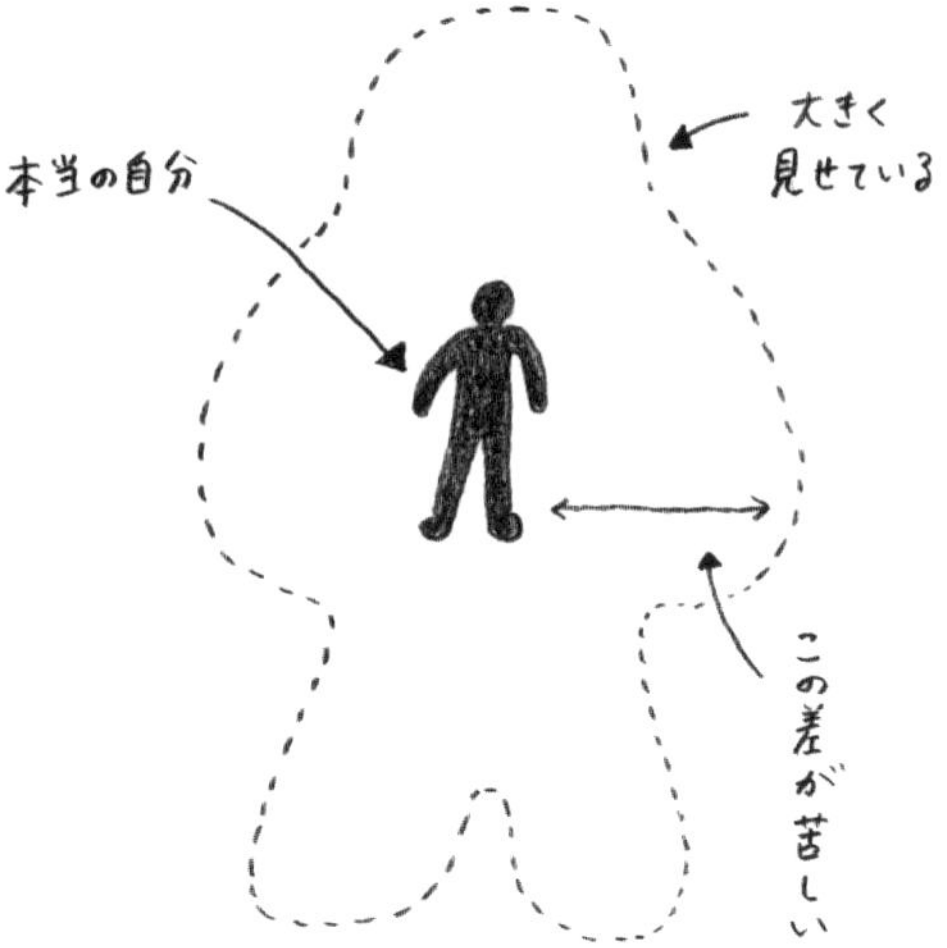

外側だけがどんどん大きくなって、本当の自分が小さいままだと、苦しさはどんどん増します。

小さくも大きくも見せないのが、健康的な心理状態です。

これは、決して収入の問題ではありません。

お金があってもなくても大丈夫と、あるがままの自分に満足し感謝する方向へ近づけていくほうがいいのです。

実は、小さな自分をあるがままに満たすと、実体をともなったまま、大きくなれます。

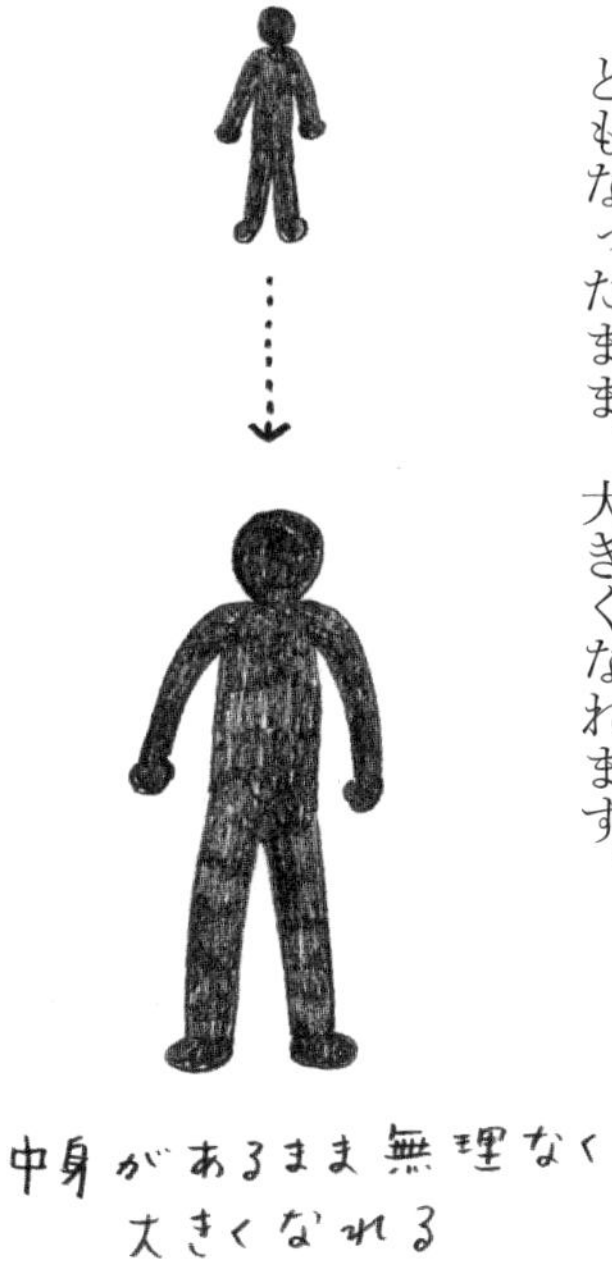

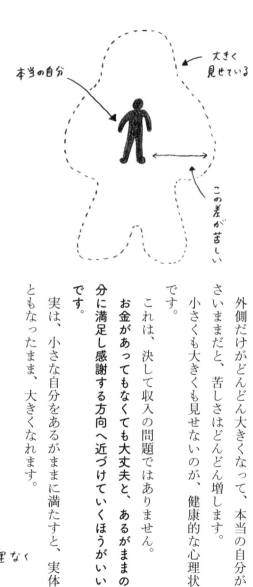

もし、お金がないというコンプレックスがあったとしたら、お金持ちになってもそれは払拭できません。家、車、子どもの教育、身に着けるもの、美貌でさえも、「もっと、もっと」が肥大化します。

さらに恐ろしいことに、空洞を抱えた「もっと人間」は、「もっと人間同士」で群れます。見栄っ張りの軍団がおたがいに見栄を増幅させるのです。

見栄っ張りで、自分を大きく見せていると、周囲も見栄っ張りの人間だらけになるという恐ろしさ。ブランドで武装して、周囲を「上か下か」の価値観ではかり、そこに愛はありません。あたたかさもありません。

「もっと人間」さんの無理した痛々しい空気は、愛のエネルギーとはかけ離れたものです。

収入アップを目指すこと、野心を持つこと、欲を持つことは決して悪いことではありませんが、実体をともない、今の自分を愛して満たされた状態にしながら、無理せず大きくなっていってほしいです。

少し怖い話ですが、気づいてほしくて、書きました。

支払うときに
にっこり
にこにこ
お金を出せていたら、
愛の支出です。

見栄の支出と愛情の支出の見分け方は簡単です。

お金を出すとき、出しているあなたが、「うれしい♡　ありがとうございます！」

という気持ちなら、愛情のある支出です。

愛情ある支出の現場には、お金を出す自分とお金を出して得られる対象の二者しかいません。

私と洋服（かわいい！　仕立てがいい！　色もいい♡）
私と外食（おいしい。ありがとう♡）
私と旅行（ここに来れて、ここに泊まれてうれしい♡）
私と子どもの塾（先生、いつもありがとうございます♡）

すべてに対して、「うれしいです、ありがとうございます」

というにこにこした気持ちで支払っているなら、それはもう、とっても幸せで、やさしいお金になります。

しかし、

私と洋服と会社の人（同僚に、すてきだと見られたい）
私と外食とインスタグラム（フォロワーにリッチだと思われたい）
私と子どもの塾とママ友（子どもの成績を自慢したい）

のように、お金を使うときに意識の中に第三者がいて、「うれしい、ありがとう」ではなく、「すごいと思われたい」といった心ならば、それは愛情の支出ではなく、見栄の支出でしょう。

この基準は、とてもわかりやすいので、参考にしてみてくださいね。

10円でも、１００円でも、支払うときに、

「うれしい♡　ありがとう」という気持ちがありますように。

そうすると、愛情ののったお金が、どんどんめぐり始めます。

この本で、いちばん大切なメッセージかもしれません。

貯金より先に健康を本気で考える。今、体のためにお金を使う。

老後のお金の不安を口にされる方が多いのですが、実は将来のお金のことを考えるとき、貯金と同じくらい「今現在の健康」に意識を向けたほうがいいのです。

健康＝お金

筋肉＝お金

と考えることができます。

心身ともに健康だと、働き続けることができます。80歳になっても社会とつながれます。

お子さんがいらっしゃる場合、親が健康だと子どもが介護に手を取られません。心配をかけずにすみますし、子どもも安心して働いたり、子育てしたりできます。あなたが長く健康でいることで、一族みんなの安心や幸せにつながります。

将来の健康は今現在の生活と地続きです。

無理をしすぎず、体だけでなく心も健やかな状態に保つことを、貯金と同じくらい大切に考えていただきたいなと思います。

健康のためのお金は自分と家族への愛情です。

「運動習慣をつけましょう」

「体にいい食事をとりましょう」

これらは、あまりに一般的に言われすぎているので、ついスルーしてしまうのかもしれません。でも一度立ち止まって、本気で考えて計画を立て、習慣化することは、1000万円貯金するよりもずっと大切です。

今、体のために何を始めるべきか。

今、体のために何を変えるべきか。

じっくり考えみましょう。

そして、ある程度のお金をかけましょう。

ジムの会費、テニススクール代、ウォーキングのとき気分が上がるスポーツウエア、整体やマッサージ、サウナ代。

オーガニック野菜、無添加の梅干し、旬の果物、ナッツやドライフルーツ、消泡剤不使用のお豆腐。

すべて、自分自身と家族への思いやりの支出となります。

どん底のとき、まずはフレッシュな果物を買って食べましょう。驚くほどエネルギーが上がります。

心も体も、そしてお財布事情もどん底の状態だったとします。手元にはなけなしの数万円。何に使うのがベストでしょう。

即答で、「ふだん買わないような果物！」とアドバイスします。

お金がないと思うだけで、気持ちは落ち込み、体も地上に近づくような感覚になります。こういうときは、体へのアプローチから始めます。フレッシュな果物でエネルギーを上げていきます。

なぜ果物かと言いますと、調理の必要がなく、ダイレクトに太陽や大地のパワーを体に入れられます。お金がないことによる、脳の疲れがとれます。

いちご1パック700円を買って、すべて自分で食べる。

シャインマスカット1000円を明日と明後日の朝ごはんに。

ひとつ500円の大きなデコポン、7個入り3000円の紅まどんな、高知産の春の文旦など、柑橘類もとてもよいと思います。

高級品！と気が引けるかもしれませんが、サプリメントよりも安いですし、とにかく即効性があるのが、果物なのです。

果物のおかげで、どん底から這い上がるための次のステップを、考えることができる

いちご 1パック (700円)を
買って 全部自分で食べる!

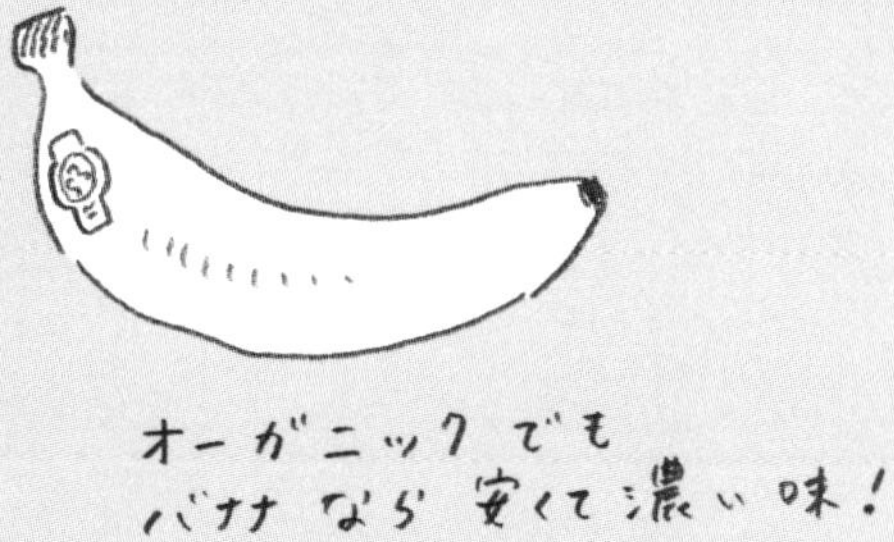
オーガニックでも
バナナなら 安くて濃い味!

シャインマスカット
シャインマスカット!
ぜいたくだけど おいしくて 元気でる!!

移動距離と空間を買う。2駅先までの交通費と飲み物代500円。

果物でエネルギーをチャージして、体が元気になってきたら次の段階です。

住んでいる場所や会社の近くを離れて、ふだん降りない駅、ふだん行かない場所の喫茶店へ行ってみます。ドトールやスターバックスなど、チェーン店でもOKですので、「なんとなくいいな」と感じるお店に入って、そこで小一時間ぼんやりしながら好きなドリンクを飲みましょう。

他人のなかに自分を入れることで、孤独感が払拭されます。仕事をしたり、スマホを見たり、ぼんやりしたりしているだけで、やるべき行動が見えてくるものです。いつもの街、家の周囲など、知っている場所だとよきアイデアは浮かびません。

また、すごく疲れているときに、知り合いに会いたくないですよね。友だちに会って、打ち明け話をしたりグチを聞いてもらうというのは、かなり元気になってからでないとできません。

ですから、知らない場所の、見知らぬ他人、自分と違うエネルギー

を持っている人のなかに自分を混じらせます。自分の体をいつもと違うお風呂にジャボンと入れるようなイメージです。

ふしぎなもので、見知らぬ人という多色の色鉛筆のなかに入ると、くすんで色がなかった自分が、健康な本来の色にもどっていきやすいのです。ですから、

2駅離れた、知り合いに会わない喫茶店

いつもは使わない路線のカフェ

へ、ぜひ出かけてください。

「お金がなくて落ち込んでいた私」が、いつのまにか、**「今日、ここでコーヒーを飲めた私」**になります。自意識が変わります。この一歩が大きな差です。

＊「移動距離」にお金を払うことも、大切な意味があります（75ページに詳説）。

500円の色つきリップを買ったら起こる変化。

体調が悪かったり、落ち込んでいたりする日に、自分で自分を元気にするのは、まずむずかしいと考えたほうがいいと思います。自家発電というのは、なかなかに大変なことなのです。

そんなときは、他者の力を借ります。

前著『愛のエネルギー家事』でこんなことを書きました。

疲れすぎて、疲労が限界を超えているときは、どうぞ気持ちよくだれかのパワーを借りましょう。ピザをとるのもいいでしょう、おそばやラーメンの出前も最高です。（中略）

食事を作れないときに、人のエネルギーを借りてチャージすることは、最高で最良の選択にほかなりません。

同じことが、食事だけでなく物にも言えます。

「コンビニでニベアの色つきリップを買ってくださいね」

これは、元気のない方によくするアドバイスです。500円〜

600円で、唇に潤いを与え、ほんのり赤みが宿り、「コスパがいい！」と感動しました。私はニベアの回し者ではありませんが(笑)。デパートコスメが買えなくても、これでものすごく気分が上がるので、みなさんにおすすめしています。

唇に色がつくと、顔全体が明るくなります。鏡の中の自分を見て、「大丈夫な気がする」と思えます。メイクの力をここぞとばかりに借りるのです。

もっと重要なのは、**自分のいつものバッグのなかに、新しい物が入っている**。その事実です。

小さなリップが、宝石や花みたいに思え、小さいけれど確かな喜びを感じられます。

バッグのなかの小さな新しい物で喜びを感じたとき、モチベーションが上がっています。「お金がない私」でも「落ち込んでいる私」でもなく、「少し新しい私」になっています。

体の感覚でお金の使い方、生活の規模を決めましょう。

体調不良はなぜ起こるのでしょうか。

体調不良は「自分らしくないとき」に起きます。自分らしさとは体の状態であると前章（28ページ）で書きました。不調というサインを出して、自分の本来の道にもどらせようという神様の仕組みのようなものです。

ですから体調不良は決して悪いことではありません。

いいぞー！　針路変更だぞー！　軌道修正するぞー！と、喜んでいいのです。

いつどんなときも、頭より体のほうが早いのです。頭で「無理だ」と気づくよりも先に、体が「NO」を出します。

行きたくない、行かないほうがいい、という判断も体のほうが「重たい、動かない」と先に反応してくれますし、心のうそも体が気がつきます。お金に関することは特に、体に聞くとよいでしょう。

まず、自分の呼吸に注目してください。ほしいものや希望の年収を口に出してみたとき、自分に合った幸せな金額だと、呼吸がラクにできます。あるイベントでみなさんに実験してもらいました。
「年収1000万円になりたい」（呼吸はラク、にこにこ）
「年収1500万円になりたい」（呼吸はラク、にこにこ）
「年収1億円になりたい」（急に喉元が苦しくなってしまった）
といったぐあいです。
「スズキのジムニーがほしい」とつぶやいたらラクに呼吸ができてにこにこしていられるのに、「ベンツに乗りたい」と言った瞬間、ぐぐっと苦しくなるとおっしゃった方もいます。
私自身は、「庭つき一戸建ての広い家に住みたい」と言うと、喉元がぐっと苦しくなります(笑)。
身の丈にあったお金の使い方、という言い方がよくされますが、私は「**息がしやすいお金の使い方**」のほうがしっくりきます。
住む場所、住む家、乗る車など、自分にあった支出なのか、無理のない生活規模なのかを知りたいとき、呼吸に注目するやり方はすごくいいので、試してみてくださいね。

花を買うことが「今、自分のためにお金を使う練習」になります。

花を買うことは、日頃の家計のやりくりからすると、なかなかむずかしいものです。ですからまずは一輪。小さな花をちょこんと飾ってみるのです。

1週間後には枯れてしまうものにお金を使う。

これが、「今の幸せのためにお金を使う練習」になります。

バラ1本800円を自分のために買うのは、勇気がいります。しかし、これが、本書の冒頭からずっとお伝えしている、「自分への思いやり」の最たるものです。

「ああ、きれいだな」という一瞬の気持ちを大事にしてお金を使ってみましょう。赤ちゃんやかわいいものを見て「かわいい」と思う気持ちは、形あるものを手に入れた喜びよりも純粋です。でも、役に立つか否かでお金を使う判断をしていた人は、一瞬の気持ちにお金を払うのがむずかしいことがあります。

実は、私自身、花1本買うのが大変だった時代があります。無駄な出費を嫌う教育で育てられたので、金額の多寡ではなく、消えて

なくなるものを買うのにはハードルがありました。はじめて一輪のバラを買ったのは、義母の命日でした。亡き母を偲ぶために花を買うことが、自分の心を大切にすることだと気づいたのです。

花は贈り物の定番ですし、ここまで合理化・効率化された世の中で、花がなくならない理由は、人の心が魂レベルで喜ぶのをみんなが知っているからでしょう。

花を買いましょう。自分のためにお花を買うのです。

慣れてくると、あなたの心に必要な色の花がわかってきます。元気になりたいときには黄色やオレンジ、やさしくなりたいときにはピンク、癒やされたいときには白やむらさき。パワーがほしいときは赤い花。直感で「コレ！」と心がふわりと動いたものを、自分の家に招いてください。

花を飾ることに慣れてくると、ふしぎなもので、だれかから花束が届くようになります。あなたから花を喜ぶ雰囲気がなんとなく出ているからです。

「移動」にお金を使いましょう。「情報」ではなく「体験」を得ることが収入アップに直結します。

人生における移動距離が、生涯年収に比例するという記事を読んだことがあります。これは、本当のことだと思います。

金運は人の運であると、前述しました。物理的に移動すると、人との出会いが多くなるのは言うまでもありません。

「ふだんと違う自分」に出会えるのも旅先です。旅先では、見知らぬ人に大切にされます。ああ、私は無条件で大切にされる存在なんだなあと気づくことができます。

また、足を使うことでしか得られないことがあります。

実際に見に行くことで、はじめてわかることもあります。

あるマンガ家さんが、「**情報**では描けないけれど、**体験**では描ける」とおっしゃっていました。今はインターネットの普及で、自宅にいながらにして多くの情報を手に入れられます。

だからこそ、足を使って実際に見に行く人、移動する人が差をつけることができます。

インターネットでだれかが撮影した滝の写真を見て、「落差30メートル、幅4メートル」という情報を得ることと、実際に足を運び、水しぶきを浴びて、荘厳な雰囲気を肌で感じることはまるで違う種類のことです。「周囲に神社が多いなあ、滝もすごいけど岩が迫力ある」と気づきを得たり、すてきな人を見かけて「あの人はひとりで旅してるのかなあ。凜としててかっこいい!」と魅了されたり、感情と思考がぐるぐると動きます。

非日常の空間には、ものすごい量の刺激があるので、ふだんの思考回路の外に出ることができます。物事を見る目が180度変わるコペルニクス的大転回が起こるのもたいてい旅先です。アイデアも出ます。

さらにおすすめしたいのが、少しよい宿に泊まることです。できればひとりで泊まってみてください。

自分にぜいたくをゆるして、ふだんのがんばりをねぎらうという意味もあるのですが、「ワンランク上の宿でサービスを受ける自分」という体験が、人生をふわっとふくらませるきっかけになります。

経済的にも精神的にも、新しい感覚が得られるのです。

いい宿のいちばんの利点は、**窓からの景色**です。ここにものすごくお金を使ってくれています。目に入る景色の質が、違ってくるのです。

また、天井の高い空間に身を置くと、アイデアがひらめく確率が上がります。サービスとお料理の品質の高さはもちろんなのですが、景色と空間の美学で、仕事に直結するアイデアがわく場所と言えます。

私自身、大きな決断をするのも、良質なアイデアがひらめくのも、いつも旅先です。ですから、半年に一度、ひとりきりで山奥のホテルに泊まるのを習慣にしています。

2泊3日の完全デジタルデトックス。スマホもパソコンも自宅に置いていきます。情報を入れず、自分に何も課さず、ぼーーーっとしているだけですが、目に緑をいっぱい映して、元気になって帰ってこれます。

少ないおこづかいでは心がやせます。いちばんケチってはいけないのは、家族へのお金です。

あるところに、こんな会社員がいました。

妻が倹約家で、彼の月のおこづかいは5000円でした。新年会や歓送迎会の際も「妻の許可がいる」となり、「ダメと言われた」と続きます。お昼はお弁当を近くの広場のベンチで食べていました。スターバックスはもちろん、缶コーヒーですらとんでもないぜいたく。それで本人がうれしそうならいいのですが、いつもつまらなそうでした。

彼はもともと朗らかな人でした。結婚後に妻が倹約しすぎることで、笑顔が減ってしまいました。息苦しい暮らしは彼から活力を失わせ、やりたいことや好奇心の芽を摘みます。倹約の結果、心がやせてしまったように見えました。仕事も以前より成果が出ません。

週に5日、朝から晩まで仕事をしている夫に対し、たまの飲み会も制限し、自動販売機で飲み物を買うことすらゆるさない。夫の暗い顔を見て、妻はどういう気持ちなのだろうかと、思いやりについて考えさせられました。

逆も言えます。毎日休みなしで、家事と子育てにいそしんでいる妻が、好きな洋服1枚買えない、映画1本観られない、友だちとお茶することもできないとしたら。愛情があると言えますか？　家族を愛で満たすために働いているのに、これでは本末転倒ではないでしょうか。

子どものおこづかいもしかり。年齢にもよりますが、あまりに少ない額はおすすめできません。

中学生は、アルバイトもできませんから、頼れるのは親だけです。ほしい本があるかもしれません。飲んでみたいジュースもあるでしょう。週末に友だちと遊びに行けば、交通費もお昼代もお茶代もかかります。

高校生のときに友だちと行った野球観戦、推しのコンサートは、生涯の思い出になります（このような思い出は本当に死ぬまで宝石のように輝き続けます）。友だちと仲がいいからこそ元気に遊ぶわけで、健全な必要経費だと考えていいでしょう。

また、子どものおこづかいは自分で管理させ、日頃から「足りないときは言ってね」と、信頼の声かけをしておきましょう。それだけで無駄づかいをしなくなりますし、何かあったときに、親に声をかけやすくなります。また「不足感」がないので、経済感覚が健全に育つのです。

多めに渡しても心配は無用です。不良になることも、浪費家になることもありません。むしろ賢くなります。

最初は無駄づかいをするかもしれませんが、しっかりと学んで好きなものや好きなことにお金を使うようになります。あなたが渡した1000円を通して、子どもは愛を感じてくれるはずです。

夫へも子どもへも、そして自分自身へも。みんなの心がやせないおこづかいの額を考えましょう。貯金が増えても、家族の心がエネルギー不足になってしまったら、元も子もありません。

Carp
30年前かぁ…

あなたの「お得」が、だれかへの「意地悪」になっていることがあります。

美容院や個人営業の飲食店では、かならず現金でお支払いするという方がいます。自営業でつましく営んでいるお店ですから、クレジットカードや電子マネーなどの手数料を引かれないように、とおっしゃっていました。ささやかですが、やさしい思いやりです。

だれもが「お得」が大好きです。

だれもが損をしたくないと思っています。

でも、その「お得」が、だれかが損をすることで成り立っていたら？　長期的に見てお得どころか、何か大切なものを損なうことになってしまうのです。

たとえば、ふるさと納税。親の住んでいる故郷がきれいになる、とか、応援したいと思えるＮＰＯがあるとか、そのお金の行先にやさしさがあればいいのですが、単に「お肉がほしい」と縁もゆかりもないところにお金を使っていると、結果的に自分たちの住んでいる自治体の税収が減り、福祉や公共サービスが低下します。

あなたの街にたたい焼き屋さんが２軒あるとします。

1軒は、個人営業の路面店。朝からあずきを炊いて、素材にこだわり、２００円の低価格で真摯に商売をしています。味もおいしくて、店主も親切です。もう1軒は、駅ビルのなかのチェーン店です。味、素材、店主のあたたかさは前者に軍配があがります。

そのとき、ポイントがつくからお得、という理由だけで駅ビルのたい焼き屋さんばかりを利用していたら？　もう一方のたい焼き屋さんは商売が続きません。あなたの街は、おいしいたい焼き屋さんという価値を失います。

また、ポイ活を優先するあまり電子マネーやクレジットカードで支払いをすると、２００円のたい焼きから手数料が引かれます。十勝産のあずきの材料費や早朝から炊いている人件費を合わせたら、原価ギリギリで大変じゃないかなという想像力、思いやりを持てるかどうか。ここは、とても大切なのです。

ふるさと納税やポイ活は、これだけ生活に浸透しているのでやらないほうがいいとは言いません。ただ、我が家ではやっていません。

お得の本質は何かな？　と考えたときに、違和感を感じたからです。

デパートのコスメカウンターで化粧品をさんざん試させてもらって、「免税店で買うわ」。ブランドのファンで、いつもていねいな接客を受けているのに、セールでしか買わない。このようにお得さを追求することが、「上手な節約」とは思いません。

払うべきところにお金を使わない人は、奪う人です。意地悪な人です。自分では「お得～♡」と、悪気がないかもしれないけど、意地悪しているのです。生産者が泣いています。

前著『愛のエネルギー家事』で、３００円で売られているＴシャツを見たとき、悲しかったという話を書きました。綿花や生産者が泣いているのが見えたからです。

この商品ができるまでのことを考える。

この商品を買ったあとのことを考える。

過去と未来に愛のある目を向けたら、意地悪はできないはずです。

奪うくらいなら
奪われる側に。
長い目で
運のめぐりを考える。

人よりもらえるものが少ない。自分のほうが多く払った。そんな出来事があれば「私、損している」と悔しくなりますよね。そのときに、人に損させるより、自分が損するほうがいい、と、大きな心でとらえてみてほしいのです。

なぜなら、長期的に見ると絶対に損ではないからです。未来への種まきになることもあります。

お金だけでなく、仕事、労力、やさしさ、時間すべて、損するくらいがちょうどいいことがあります。

先に出す。少し多く出す。

それが損ではなく、善行になるのです。

たくさんのご相談を受けるなかで、財産問題で兄弟間でもめる例を見てきました。すべての例に共通しているのは、**ゆずった側のほうが元気で、多くもらった側のほうが苦しい現実に対面することになる**ということ（難病にかかったり、早く亡くなったり）。なぜだかわかりませんが、私の知っているすべての例でそうなのです（念のため、私のお客様はゆずるほうです）。

お金に執着しすぎて人の心をないがしろにするせいなのか、孤独になってしまうせいなのか、その理由はわかりません。

もちろん、むやみやたらに損するまま、搾取されるままでいいとは言っていませんし、ブラック企業のようなあなた自身が大切にされず奪われる一方の状況からは逃げるべきです。

ただ、その「損」があなたの尊厳を傷つけないのなら、ゆずりましょう。長期的に見て、かならず得になります。手放したほうが健康を害さなくてすみます。

あのとき、執着しなくてよかったなあ。

あのとき、手放してよかったなあ。

そう思える出来事が起こりますから、意地悪な相手であればあるほど、にこにことゆずってあげてください。

第3章 物と家と友情——身のまわりを整える

物は友だち。あなたの味方です。

この世のすべてのものに、エネルギーがあると考えています。

無機質である「物」にも、エネルギーが宿っています。

家の中にある物、ふだん使っている物は、あなたの友だちであり、パートナーであり、暮らしの助っ人です。

物たちのおかげで、毎日機嫌よくすごせたり、笑顔になれたり、困らず生活できています。

昨今、あまりにも「役に立つこと」「合理的であること」が礼賛されすぎて、物が味方であることを忘れているような気がします。

少ない物ですっきり暮らさないと、ダメでしょうか。

大好きな物たちとごちゃごちゃワクワク生活するのは、最高にあたたかく幸せではないですか？

私の家にも、役に立たないけれど、好きだから置いている物がたくさんあります。

子どもが昔作った粘土細工のお皿が、食器棚のいい場所にあります。使いませんが、目が合うだけでにっこりしてしまいます。

物は、伴走者です。

そのとき、その瞬間を、いっしょに走ってくれる存在です。縁あってあなたのもとに来てくれた味方であることは、まちがいありません。だから、**物が少ない部屋を目指すよりも、今ここにある物に心を向けることが大切です。**使わない物でも、無視せず、「ああ、あそこにあるね、ありがとう」という静かな気持ちを持つことで、家の中のエネルギーが下がらずすみます。

時がすぎたら別れることもありますが、手放す日に、「今までありがとう」とにっこり別れられるような付き合いをしませんか。

もし、あなたの家が物であふれていたとしても、そこに悪者はいません。

物も、買いすぎていたあなたも、悪くありません。

物が、あなたの心を助けてくれたんだと思います。

そこに気づいたら、少し手放すことができるはずです。

物の場所を時々変えてみる。人も物もイキイキするところへ。

あなたにはあなたの居心地、物には物の居心地があります。それぞれが適している場所に落ち着くと、雑音が消えて家のエネルギーがやさしくなります。

ストックの洗剤がSS席にあって、毎日使う洗剤がA席だと、洗剤たちはなんとなく居心地が悪いようです。時々、物の居場所を見直して、よく使う物は近くに配置換え。使わない物は棚や押し入れに収納すると、みんなゆっくり休息でき、次に使うときにまた活躍してくれます。

ぴったりの場所なら、出しっぱなしもOKだと思います。1日3回×4人家族で使う箸やティッシュのケース、子どものやりかけの宿題も、そこにあっていいなら、出しっぱなしで大歓迎。無理して片づけないほうがにこにこしていられます。

また、模様替えや席替えを定期的にするのもおすすめです。ごはんを食べるときの目線の先に、子どもの絵や庭の緑がくるようにするだけで、家の中に新鮮なエネルギーが満ちます。

1

ぴったりの場所にいられると、人も物も居心地がいいのです。

ストックは
見えない場所に
しまうと ゆっくり
休息できる

2

よく使うものはそばに置きましょう。出しっぱなしでもOKです。

みんなが使いやすいところへ！

3

時々模様替えや席替えをして目に入る物を変えましょう。

上手にかけたね〜

友情を感じられる物をさわって買いましょう。

物を買うとき、どんな物でも「何か」を感じて買ってほしいなと思っています。むずかしいことではありません。「なんとなくいい感じ」と思えるものを家に連れて帰りましょう。

「なんとなくいい感じ」を言い換えると、友だちになれそうだなあという感覚です。人間同士と同じく、物にも親しみを感じられる物とそうではない物があります。それは手でさわるとよくわかります。

たとえば服を買うとき。気になる服をさわってみて、「なんとなくいいいな」と思ったら試着をしてみましょう。

着てみて、心の中で「わあ！」とか「よし！」と歓声があがる感覚が成功の秘訣です。それは、体が喜んでいる証拠です。その瞬間、先ほどまでの自分に比べて、身長は2センチ近く高くなります。背筋がピンと伸び、気持ちはやわらかく、顔色も明るくなります。脚の筋肉もシュッとまっすぐ伸びるのです。人によっては、ジャンプするような感覚を感じるかもしれません。これはとてもすばらしい「YES」の反応です。

1 さわって買う

実際に手で触れて「うちに来る？」と聞いてみて、よい返事が聞こえたような気がしたら、連れて帰りましょう。この方法で買い物の失敗はほぼなくなるはずです。

2 ネットでの買い物

ネットで買い物をしなければならないときは、商品写真に奥行きと深みのようなものがあれば〇Kです。「写真がうすっぺらいな」と感じたらやめておきましょう。

3 新しいものにあいさつを

新しくうちに来てくれた仲間には、「よく来たね」「よろしくね」とあいさつしましょう。物にも愛情は伝わります。

着てみたときに「ん?」という小さな疑問を感じたら、もうすでに迷いのエネルギーが出ています。

よくあるのが、店員さんが親切だった、試着したから断りにくい、と自分の体の中に迷いがあるのに買ってしまうこと。それはとてももったいないのです。

心の底からにっこりできる買い物をしたほうが、店員さんも幸せなはずですし、あなたが買わないことで、あなたよりも喜んでくれる人の家に、その服は連れて行ってもらえるのです。この洋服はどこかの家で幸せになるのだ、と思えば、試着してお断りしたとしても、ありがとうと気持ちよく言えることでしょう。それは、とても心地よいエネルギーの循環なのです。

「ん?」のときは立ち止まりましょう。

人生を変えたいとき、毎日さわるものを買い換える。

以前テレビの番組で、ふつうのＯＬさんに超高級バッグを持って生活してもらうという実験をしていました。３００万円のバッグを持って日常生活を送ると、所作、歩き方、髪型が変わり、最終的にオーラそのものが変わったので驚きました。自然と物にふさわしい自分になろうとするのですね。

このように持ち物を少し上等なものにすると、所作が変わり、人生の方向が変わります。

特に毎日手でさわるもの、たとえば

・カバン
・ハンカチ
・お財布
・スマートフォンのケース

を少しだけ背伸びしてお金をかけてみると、所作から雑さが抜け、美しい振る舞いになりますし、体も自然とお金持ちマインドの体（31ページ）になります。試してみてください。

子どもの買い物を否定しない。「いいもの買ったね」という言葉がけがお金上手の人を育てる。

ある中学生の話です。修学旅行で訪れた温泉地でおばあちゃんにお土産を買いました。きっと喜ぶだろうと祖母の顔を思い浮かべながら、少ないおこづかいで心をこめて買いました。わらぶき屋根に水車がついた田舎小屋風の置き物でした。

ところがそのお土産を見たお母さんがこう言いました。「そんなくだらないもの買って」と。あたたかい心が、氷水でバシャリと冷やされてしまいました。

お母さんは、倹約の心を伝えたかっただけかもしれませんが、彼女のなかには、悲しい記憶として残ってしまいました（おばあちゃんはそのお土産をとても喜び、亡くなるまで捨てずに大切にしてくれたそうです）。

どうか、お子さんが一生懸命考えてお金を使ったとき、たとえすぐゴミになるようなくだらないものに見えても、

「いいものを買ったね」

「悩んで、やっと決めたんだね」

水族館に行くたびに
買っていたグッズ。似たように見えても
それぞれ違う思い出。
ぜんぶ大切な物たち。

「それがほしかったんだね」

と、肯定してあげてください。すると、愛あるお金の使い方ができる大人になります。

どんなにつまらないものを買ったように思えても、お金の使い道は黙って見守ることです。「失敗したなあ」「無駄づかいしちゃったなあ」というのは、あとから自分で気づくからこそ意味があります。

「でもうちの子、せっかく買ったものを大事にしないんです。部屋に放り投げてあるし、すぐに使わなくなるし」という声が聞こえてきますが、大事にするしないは、大人のものさし。

出会った瞬間「かわいい！　ほしい！」という気持ちを大切にしてお金が使えたなら、ＯＫです！

鉢植えは
決意とともに買う。
買えないときは
無理しない。

「よしやるぞ」と決意とともに買うのが、観葉植物です。これは、「エネルギーを枯らさない」という決意になります。

私自身も、がんばりどきに観葉植物を買うことが多く、本書の企画がスタートするときにも、「がんばるぞ」と決意新たにデパートのグリーン売り場でポトスを求めました。

仕事だけでなく、家族関係を枯らさない、たとえば子どもにさみしい思いをさせてしまっていたけどこれから愛情をそそぐぞ！というようなときにも、鉢植えを買ってみると覚悟が決まります。

土もので根がついた観葉植物は、切り花と違って、買い手の心境次第で買えるときと買えないときがあります。

買えるときは、植物をいたわりながら守り育てる養分が、自分の中に流れているということです。

買えないときは無理をしないこと。買えるなら、がんばりどきですから、「よし！」という気持ちで仲間に迎え入れましょう。

1

目が合ってにっこりできる、笑いかけてくるような物を選びましょう。

うちに来る？

2

生き物なので個体によって エネルギーが違います。こわく感じる葉っぱ、湿っぽい雰囲気、おどろおどろしいものは避けましょう。

なんかちょっと
こわいかも

3

長い付き合いになるので、買えないときは無理せず、代わりに切り花を買いましょう。

今日は
やめておこう

イライラとストレスを解消する家事の味方を買いに行きませんか。

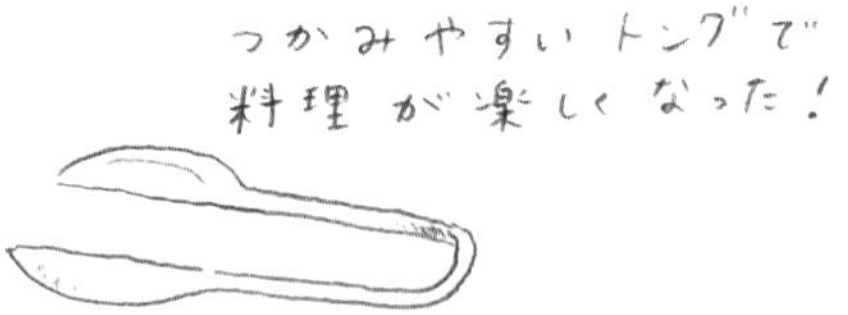
つかみやすいトングで
料理が楽しくなった！

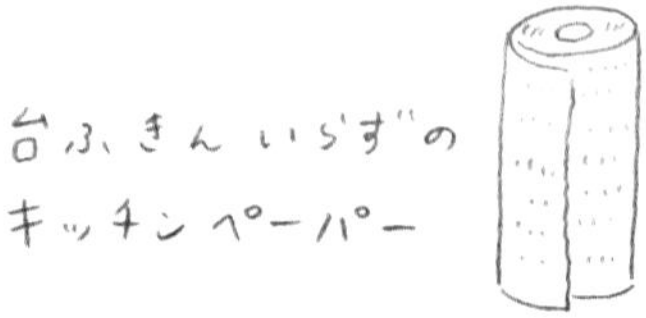
台ふきんいらずの
キッチンペーパー

仕事帰りに季節の花を買ったり、散歩の途中にのぞいた雑貨屋さんで出合ったアロマキャンドルを買ったり、暮らしをゆたかにする買い物はすごくすてきです。

でもその前に。

イライラやストレスを軽減してくれる、という観点から、買い物を考えてみませんか？

「あれがあれば、ラクになるなあ。イライラが減るなあ」

というものが、ひとつかふたつはあるでしょう。

ある人は、つかみにくいトングを買い換えただけで、料理が楽しくなって外食が減ったそうです。

我が家も掃除機をコードレスのものに換えたら、ストレスがぐんと減りました。工事不要の食洗機（賃貸でもＯＫ）が発売されたときは、とってもうれしかった！

ロボット掃除機、自動調理鍋、コードレスアイロンなどが、プロの研究員の研鑽と企業努力によって発売されています。あなたに「時

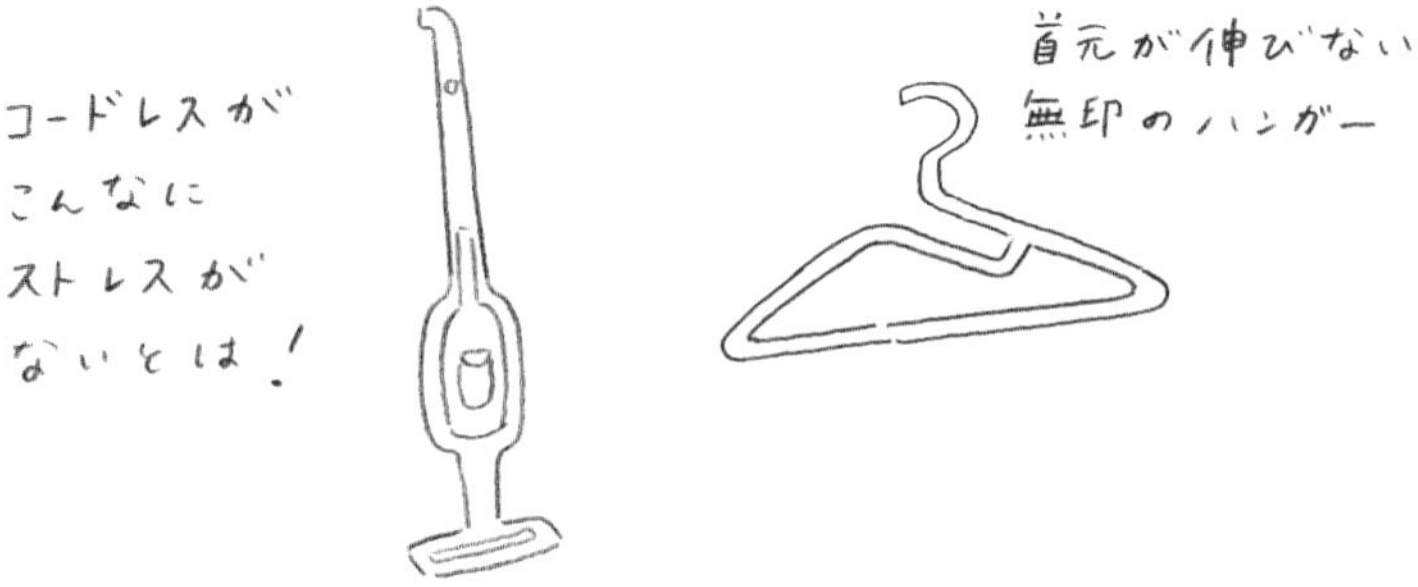
コードレスが
こんなに
ストレスが
ないとは！
首元が伸びない
無印のハンガー

間」というこの世でいちばん得がたいものをプレゼントしてくれる家電です。

　家電以外にも、工夫のこらされた日用品はたくさんあります。台ふきんの汚れがストレスだった知人は、何度も使えるキッチンペーパーに出合えて幸せそうでした。毎朝1枚新しいのをおろして1日使い、夜テーブルや作業台を拭いたあと、床を拭いて最後の最後まで使い切るとのことです。それを話してくれているとき、背筋がピンと伸びて、にこにこしていて、本当に出合えてよかったんだなあ、ストレスが減ったんだなあと、こちらもうれしくなりました。

　私のお気に入りの無印良品のハンガーは、首元が伸びないように工夫された作りで、服をかけるたびにご機嫌になります。

　あなたも暮らしの小さなストレスがあれば、それを解決してくれる物を買いに出かけましょう。「いやだな」というノイズが消えると、家全体のエネルギーがやさしくあたたかくなります。

お札や硬貨の居心地の良さを考えてみる。

「どんなお財布を選べばいいですか？」

よくされる質問ですが、特別な（金運がよくなるといったような）お財布は、ない気がしています。

前著『愛のエネルギー家事』の片づけの項で、「物の気持ちになってみて、物がどうされたがっているか、考えてみましょう」と提案し、

1「苦しくないスペースがほしい」
2「自分にふさわしい居場所にいたい」

というふたつのポイントについて説明しました。

物は適切な場所に収納されると、安心して休息に入れますし、次に取り出したとき、また活躍してくれます。特によく散らかる物について、「これはどこに収納すると、居心地がいいのかな」と主体を変えて収納場所を考えると、部屋がすっと整うのです。

お金についても同じように考えます。

お財布はお札や硬貨の寝床ですから、寝心地がいいものにしま

しょう。

彼らは、ゆったり、広々と寝たいはずです。変なにおいや肌ざわりの悪さはいやでしょう。

お札を多く持つ人は、30枚くらい余裕で入るお財布を選ばないと、窮屈で寝心地は悪くなります（有名ブランドでも、10枚入れると取り出せないくらいきつい設計のお財布があるので要注意）。

「お金にとってシモンズ（＊）のマットレスのようなお財布がいいですよ～」と、みなさんによくお伝えします。

入りすぎてパンパンの恵方巻のようなお財布（笑）や、ポイントカードやレシートでいっぱいになって、ミルクレープみたいなお財布は、お金からすると、苦しくてたまらないですよね。

ほかの物たちと同じく、お札や硬貨にとって居心地がいい場所を、という考えでお財布を選んでみてください。

＊シモンズ……寝心地のよさに定評があり、世界の一流ホテルで使用されているマットレスメーカー。

お財布を買い換えたくなったらステップアップの時期。自然とわかるので気持ちに素直にしたがって。

お財布と金運が深くかかわっていると思っていらっしゃる方が多いのですが、前述したとおり金運のよくなるお財布というものはなく、靴下や食器や洋服など、ほかの大切なものを選ぶように、「友だちになれる、親しみを感じる」ものを選ぶとよいと思います。

「1年に1回買い換えましょう」などというアドバイスは気にすることはありません。また、無理して何ランクも上の高価なお財布を買う必要もありません。

自分のステップアップの時期と「お財布を新調したいな」という気持ちが連動しますので、ただそれにしたがえばいいだけです。

そろそろお財布を買い換えたいなあ、という気持ちが募ってきたら、次の子が待っていますので、買い物に出かけましょう。ブランドを決めず、デパートやショッピングモールをうろうろ。きっと想像以上にすてきなお財布に出合えます。買うときのポイントは次のことを参考にしてみてください。

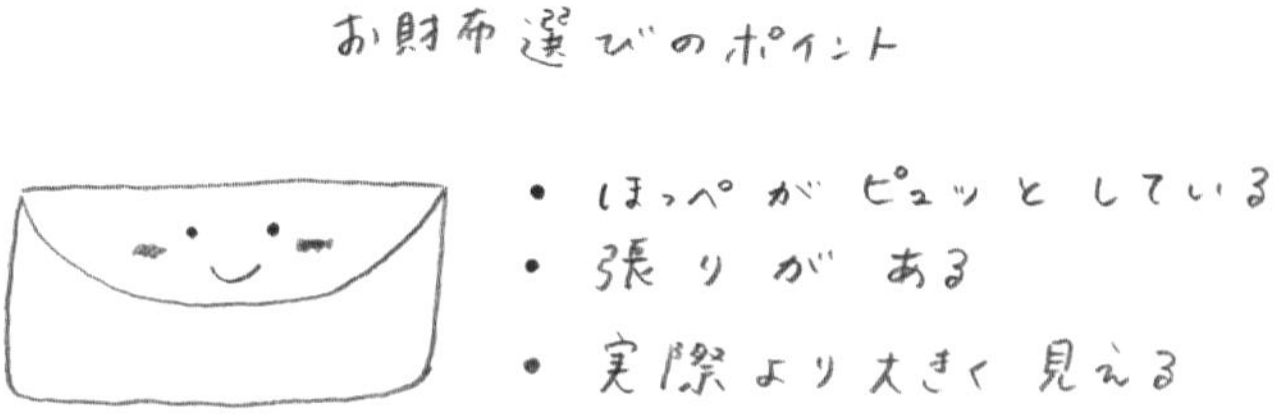

・ほっぺがピュッとしていて美人なお財布
・全体的に張りがあって革の質がいい
・実際より大きく見える
・お金の寝床なので寝心地がいいものを（お札が窮屈だったり、数枚しか入らないサイズは避けたほうがいいでしょう）
・ネットで買わず、直接手を触れて買う。職人さんがにこにこしながら作ったものは、さわったら勝手に口角が上がります。

お財布の値段なのですが、自身の経験からも、お客様から伺った話からも、所得と比例しています。よく言われていることですが、本当でした。バッグに合わせて小さいサイズが必要なので前のお財布より安い物を買う、といった用途に応じたダウンはＯＫですが、メインのお財布の値段が極端に下がる買い替え（たとえば５万円のお財布から１万円のお財布へ）は避けたほうがいい、というのは実感しています。

家は、「だらしなさ」をゆるすへそ天の場所。

片づけよりすてきな暮らしより、家の中を愛に満ちた空間にすることがいちばん大切です。

ほっこり、ゆったり、ワクワク、にっこり、深く呼吸できる。

そんな感覚になれる家が、本書の目指すところです。

何より家は、安心・安全な場所でなくてはいけません。

ここで質問です。

どの場所もどの瞬間も美しく整えられていて、インテリアも完璧で、無駄がなく、一瞬でも汚れることがない完璧な家。

そんな場所を、安心・安全な空間と呼べますか？

猫も犬も、安心で安全だとわかっているから、おなかを見せられます。おびえていたら、部屋の隅で体を丸めて縮こまっています。

家族のだれかが、部屋の隅っこに逃げていませんか？

猫や犬がへそ天するように、人間もへそ天できていますか？

ある程度散らかっていて、だらしなさもゆるす寛容さがあるのがとてもいい家です。

子どもも大人も、外で一生懸命がんばって、緊張して帰ってきますから、家の中では、ゆるーり、だらだらが何より大切。家の中が緊張感で満ちていたら、いったいどこでゆるめたらいいんでしょうか！

へそ天でごろごろして、おなかが出ちゃったというような、おもしろい家にしてください。

できれば、家で、1日1回笑ってください。家族がいるなら、家族同士で。ひとり暮らしなら、お笑い番組やマンガ、推し活、ユーチューブを見て、だらだらゴロゴロ大笑い。それができていれば、何が起こっても大丈夫です。

「片づけなくちゃ！」「整えなくちゃ！」「すっきり暮らさねば！」というのは強迫のエネルギーですから、そんな思いにとらわれたら、**「家は、だらしなさをゆるす場所。笑える場所がいちばん。片づいているより、へそ天が大事！」**とつぶやいてみてくださいね。

心の底から、「変わりたい」「抜け出したい」と思ったら、大胆な場所替えを。

仕事も家庭も行きづまって、袋小路に入るようなときがあります。そんなとき、都道府県をまたいだ大きな引っ越しは「あり」な選択です。好きな街、いいなと思う地域に思いきって引っ越してみるのです。

家を買ってしまっていたり、子どもの学校の問題があったりなど、いろんな事情があってむずかしいことは承知していますが、大胆な場所替えで人生がよいほうに向かった人を何人も知っています。

場所替えは、「新しい価値観」へのお引っ越しになります。

離婚は絶対にダメだという社会から、離婚で幸せになった人がたくさんいる社会へ。

人に合わせることを求められる社会から、自分の意見をはっきり言うことがよしとされる社会へ。

住まう場所を大胆に移すと、それにともなって転職したり、子どもの学校が変わったり、習い事を辞めたり、美容院が変わったりと、あなたをとりまくコミュニティが一気にがらりと変わります。それがいいのです。

転勤族の知人がこんなことを言っていました。

「前の住まい（東京近郊）では、家をきれいに片づけないとママ友に『あがって』って言えなかったけど、名古屋に転勤になって『汚いけど、あがって！』と気楽にお茶できるようになった」。属するコミュニティが変わり、とても自由になって幸せそうでした。

つらいときは、引っ越しして軽やかに住まう社会を変えましょう。あなたを自由にする新しい価値観は、すぐ近くにあったりします。

でも、行きづまったときは、近くの新しい社会に気がつけませんので、一時的にでも大胆な引っ越しをおすすめします。

場所を変えると人生が変わる

記念日にはお祝いを。家全体が祝福に包まれます。

お誕生日や記念日には、いつもと少し違った食事を楽しみましょう。お肉を焼いてワインをあけたり、外食してみたり。節目の日を特別な食事で祝うことは、家族をねぎらう意味があります。

ぜいたくができないときでも、小さなケーキを買ったり、炭酸ジュースで乾杯したりして、ささやかでも「お祝い」の気持ちを分かち合うと、ただそれだけで家が愛のエネルギーで満たされます。省略しないほうがいい、愛の支出です。

「おめでとう」

「ありがとう」

という言葉のやりとりは、本当に尊いものです。祝福が祝福を呼び、家運が上がります。

言いにくいことですが、悲しそうな家はお祝いごとをスルーしていることが多いのです。

お祝いごとをスルーするのは、おたがいを無視しているのと同じような意味があるのではないでしょうか。

ふだんケンカばかりしていても、誕生日に「おめでとう」と言葉をかける、母の日に「いつもありがとう」と言える家族は、心のやりとりが失われていません。

離れていたら、電話1本でもいいのです。言葉がお祝いになりますから。

かならずしも当日お祝いすることにこだわらなくても大丈夫です。子どもの誕生日に仕事が重なったら、置手紙でお祝いのメッセージを。週末に手をつないでハンバーガーショップで豪遊！　それだけで子どもはにこにこですよ！

この買い物は、正しいのかぜいたくなのか。判断に迷ったときは10年後から今を見る。

ほしいものがあるのに「これはぜいたくじゃないかな？」「分不相応では？」と迷うことがありますよね。

高価なものを買うときは勇気がいります。買うときの最終判断基準は、どこに拠るべきでしょうか。

その答えは、**「未来の自分とその品物のどちらもが、すごく楽しそうなこと」**です。

1年後、2年後、3年後、10年後の自分を想像したとき、きっとにこにこしながらなでている！と思えたら、高くても買って正解です。何年も使えば損するどころか、かえって経済的で心身にもまことによろしい。むしろ、安いものを、いやだな、飽きたなと思いながら、何度も買い替えるほうが不健康です。

がんばって買ったものは、最良の友だち、人生を楽しませてくれるパートナーになってくれます。時計、アクセサリー、バッグ、コート、車など、目に飛び込んできて、家に帰っても忘れられない物は、買ってよい物でまちがいありません。「この時計を20代で奮発して買いました。本当に買ってよかったです」と、30年経った今でも、笑顔でうれしそうに話してくださる知人がいます。

私の場合は、三陽商会の「100年コート」がそれでした。目も手も、コートを持つと背中に電流が走った気がしました。いったん家に帰り、頭と体を冷やそうと思いました。しかし、家に帰っても忘れられません。

価格10万円（当時）で、お財布をすぐに開くことはできませんでした。

高いから無理だなあと頭では思うのですが、体も心も、頭からの説得に、じゃじゃ馬のように言うことを聞きません。

後日、ほかのデパートをふらりと歩いていると、偶然にもそのコートに再会してしまいました。しかも「友の会は本日から10%引きです」と言われ、ここで抗うことはできませんでした。

大喜びで家に連れて帰りました。縁があった。やはり、そういうことなのです。そのコートは今もバリバリ現役選手で、装うための

すごくていねいな
対応！
袖口がすり切れたので
100年コートのオーナープランで
修理をお願いしました。

物というより、私を最高にもてなしてくれる相棒です。

物だけではありません。少しぜいたくだなあと思える支出に迷ったとき、10年後の自分はどう思うか考えてみます。

身も心も疲れている今夜、近所のお蕎麦屋さんで外食すること。

海外に興味を持っている子どもを、短期留学させること。

70代の母を連れて熱海旅行に出かけること。

子育てと仕事の両立が大変な数年間、家事手伝いを頼むこと。

仕事のモチベーションを上げるため、月に1回ネイルサロンに行くこと。

未来の自分が、

「いいよ、いいよ。大丈夫だよ。後悔しないよ。お金の使いどきは今だよ」

と言ってくれるなら、それはぜいたくではなく、正しい出費です。

家の中で無視されている物はないか心静かに思いをはせる。

物をたくさん持っていても一つひとつに心を配って大切にできる人もいれば、少量の物と仲良くするのが心地よい人もいます。その人に適した「持ち物の量」はまったく違います。だれもが少ない物ですっきり暮らせなくてもOKなのです。

役に立つか立たないか、使うか使わないか、着るか着ないか。そういった実利的な判断ではないところに、物があなたのそばにいてくれる、大切な理由があります。

なんとなく好き。

触れるとあたたかい気持ちになる。

持っておきたい。

使わなくても、それを見たときにこちらがうれしくなったりやさしい気持ちが思い出されたりする物は捨てなくていいのです。

特に、思い出の物、過去の物を「もう必要ないから」という理由だけで無理に捨てることがないように。

亡くなった家族やペットの遺品であっても、引き続きいっしょに

物を手放すのは 5月と10月 がよい。
気候がいいので、手放すと決めたときの
動きがなめらかです。
リサイクルショップ
実家行き

暮らして、愛おしい日々を時々思い出すことは尊いことです。いつの日か、気持ちが変わる瞬間がきますから、大事に持っていられるならどうぞそのままで。

反対に、家の中に無視されている物や存在を忘れられている物があると、どことなくさみしい空気が生まれてしまいます。

心にゆとりがある日に、「無視されている物はないかな」と考えてみましょう。そして、さみしそうな物、心がもうそこにない物があって、「もういいよね」と思えたなら、やさしく手放しましょう。手放すときは、「今までありがとう」という感謝の気持ちをじゅうぶんこめて。

また、物が捨てられない人には、その人なりの大事な理由があります。家族でも親でも、人の物に手を出したらいけません。

本章の冒頭から繰り返してきましたが、物は友だちであり、あなたと家族を助けてくれる仲間です。

どうぞ、愛のある付き合いをしてくださいね。きっと伝わります。

第4章　「稼ぐ」をやわらかく――仕事の知恵

あなたが選ばれたから、今ここにいる。その役割を担える力を持っている。

みなさんは、どんな仕事をしていますか？

いわゆるお金を稼ぐ「仕事」はもちろん、子育て、家事、介護という仕事をされている方もいらっしゃいます。病気療養中の方はしっかり休むのが仕事ですし、子どもは食べて寝るのがいちばんの仕事です。

仕事は、どう考えても神様が与えてくれるものだと感じます。

神様から電話がかかってきて、それに「はい、もしもし」と出る。そんなイメージで、自分で選んでいるつもりで、実は選ばれているのです。

あなたが今その場所にいられるのは、あなたがあなたの仕事をしているからです。

あなたの仕事に対して、だれかがお金を払ってくれたり養ってくれたりするのは、あなたの才能に価値があるということです。

それは、会社員でも主婦（主夫）でも介護をしている人でも、区別はありません。

直接お金を稼ぐ種類の仕事があなたの役割ではないとしたら、それで生きていけるようにまわりの支えがあります。全員が直接的に稼がなくていいのです。

今目の前にあるあなたの仕事。

今あなたが立っている、その地位。

今あなたが担っている、その役割。

すべて、あなたが選ばれたからです。

あなたは、できる、ということです。

「あなただから選ばれた。あなたならできる」って、驚くほどだれも言いません。

だから、まず、私からあなたへ。

あなただから、選ばれています。

あなただから、できる仕事です。

天職は気づくか、気づかないか。

仕事というのは、自分で選んでいるようで、やっぱり神様が与えてくれているようなところがあると前述しました。それに「気づく」ことができるかできないか。「天職」って気づきなのだと感じています。

天職に気づくために、まず、あなたの「**好き**」をできるだけ多く出してみてください。「好き」という気持ちがあって、口に出したとき自然に笑顔になることなら、なんでもかまいません。例を出してみますね。

「好き」の例

・ダンスが好き　・英語が好き　・絵を描くことが好き　・習字が好き　・お菓子が好き　・犬が好き　・猫が好き　・編み物が好き
・海が好き　・山が好き　・ケーキが好き　・イギリスが好き
・アイドルが好き　・読書が好き　・映画鑑賞が好き　・ドラマ鑑賞が好き　・眠ることが好き　・洋服が好き　・友だちと遊ぶこと

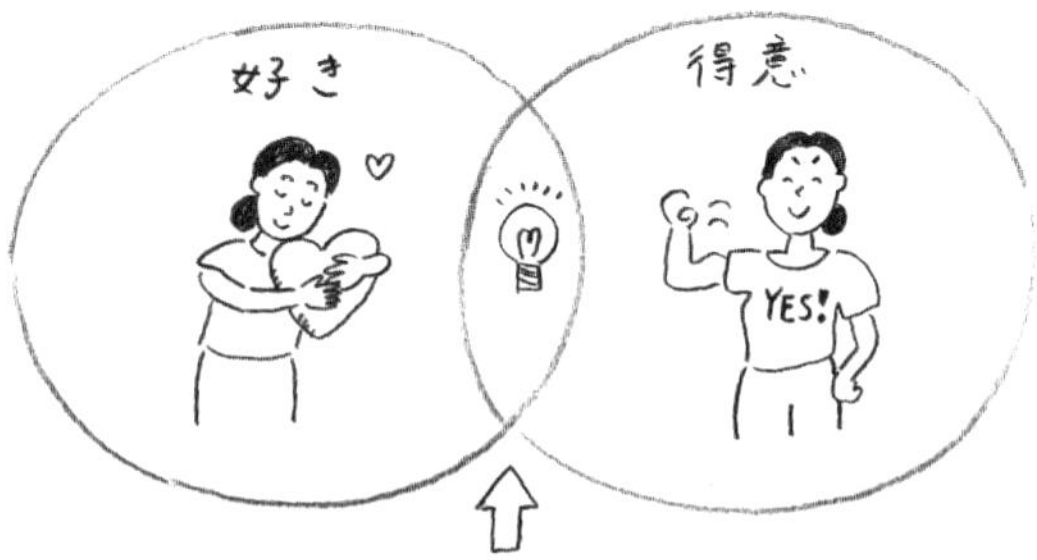
好き
得意
YES!
「好き」と「得意」が重なったところに
天職のヒントがあります。

が好き　・数学が好き　・話すことが好き　・話を聞くことが好き
・旅が好き　・ドライブが好き　・メイクが好き　・料理が好き
・子どもが好き　・掃除が好き

次に**「得意」**を出します。人より少し上手にできること、人に喜んでもらえることならなんでも「得意」としてOKです。

「得意」の例

・歌が得意　・計算が得意　・数字に強い　・こまかい作業が得意
・テニスが得意　・体がやわらかい　・パソコンにくわしい　・人前で話すのが得意　・年下、もしくは年上が得意　・掃除が得意
・マッサージが得意　・ファッションセンスがいい　・文章をすらすら書ける　・単純作業が得意　・料理が得意

「好き」と「得意」が重なったところに天職のヒントがあります。

何かしら「なんでできちゃうんだろう。教わってないのに」ということが、ありませんか？

あまりに無意識のうちにできるので、人に言われてはじめて「これってすごいことなんだ」と気がつくことがあるでしょう。「得意」というのはあなたの才能なんですね。

でもそこに、「好き」が重ならないと、天職にはなり得ません。好きっていうのは、それだけでものすごいパワーなんです。

人は本当に好きなことについて話すとき、体が勝手に動いて、椅子に座り直します。背筋が天に向かってぴっと伸びるんです。

たとえ、つい10秒前まで、「苦しいけど、私ががんばらなくては」と、気負って背筋が曲がっていたとしても、好きなことを話し出したとたん、顔が上向き、頬の筋肉も持ち上がり、口角が上がります。

リラックスしつつも、丹田に強く力が入り、大きく深く呼吸して、「本が大好き」「子どもが大好き」「田舎が大好き」「踊るのが好き」「デザインが好き」という言葉が出てくるのですから、見事です。

私はお客様に、

「9歳のとき好きだったことはなんですか？」

という質問をよくします。

大人になった今より9歳のときのほうが、自分の「好き」をよくわかっているのでそれを思い出してもらいます。まだぎりぎり他者の価値観が入り込む余地がないから、すごく純粋です。まちがえていないんです。その純粋な「好き」を思い出してもらうと、みなさんすっと素直な顔になり、背筋が伸びます。

一時期流行した「好きを仕事に」のニュアンスとは少し違います。好きなものが直接お金を稼ぐ仕事にならなくてもいいのです。

まず、自分の中にある「好き」を大事にすること、それがどこかでかならず稼ぐことにつながっていきます。

なぜなら、**好きを追求すると、絶対に人の役に立つようにできているからです。**これだけは真実だと思います。

あなたの「好き」は、生まれ持ってあなたに搭載されているものです。後天的に新しく「好き」が生まれることはなく、そう見えたとしても元来の「好き」に気づいたという場合がほとんどです。

「好き」が即お金を稼ぐことに直結しなくても、そちらのほうに寄っていく、迷ったときに「好きなほうを選ぶ」ことを繰り返していると、天職につながります。

ですから、あなたの「好き」を決してないがしろにせず、宝物のように大切にしてほしいのです。

数値目標よりもイメージ目標が大切です。脳内で映像化してみましょう。

実は私は、会社員時代も今も「年収1000万円を目指したい！」「売り上げ1億が目標です」などの目標とは無縁です。管理職でしたので上から言われた売り上げ目標はありましたが、「ふーん」とスルーしていました。

ただ、私の中で目指している地平はありました。それは、人が辞めない職場にすること。とりあえず、半年かけてそれをやり遂げる。そうすると勝手に売り上げは達成されるだろうと思っていました。数値目標はなかったけれど、目指すべき場所は、はっきりわかっていたわけですね。

「数値目標」は無理に立てなくて大丈夫です。「今日やるべきこと」といった「タスク目標」もなくていいと思います。

数値やタスクの目標は、どうしても義務になってしまいます。義務感は喜びを奪います。

さらに、数値目標とタスク目標は達成できなかったとき、「でき

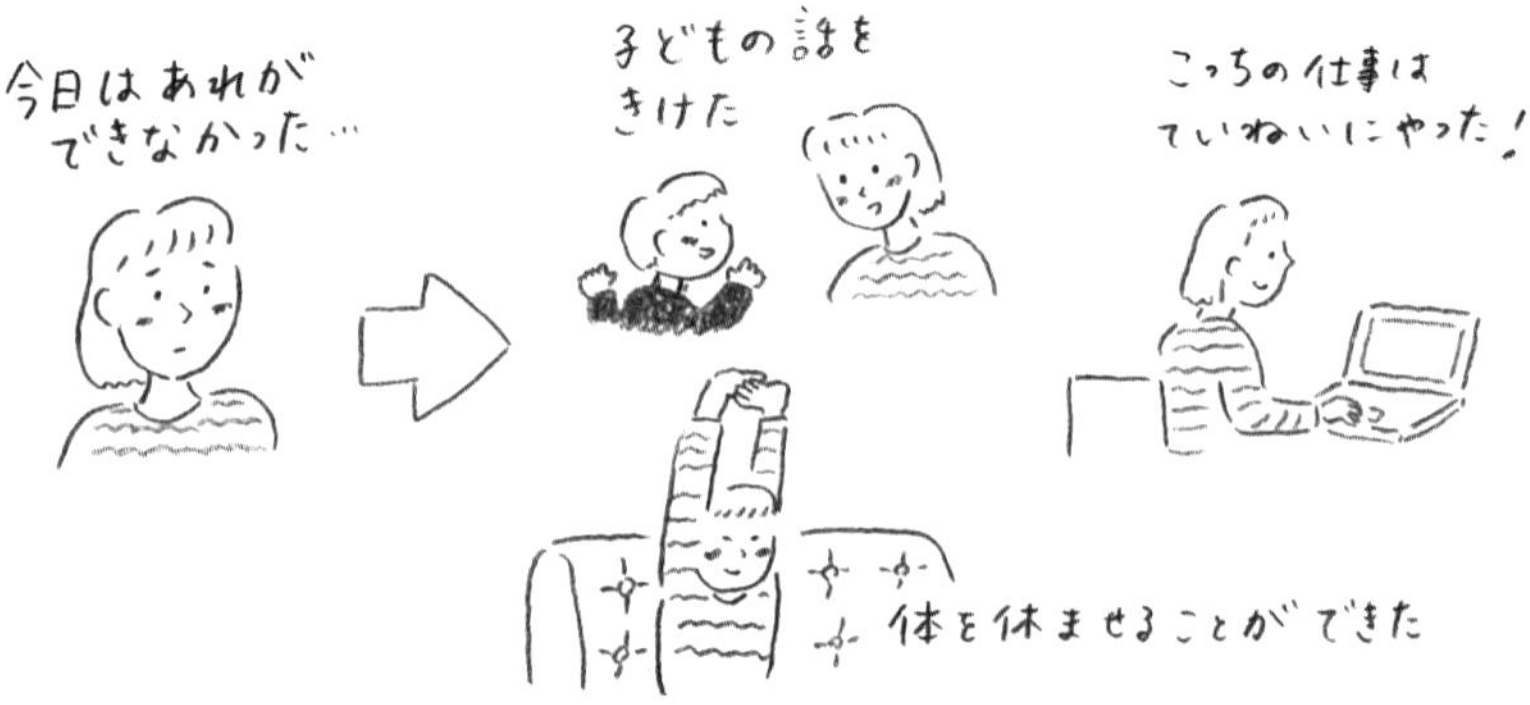

なかった」というよくないエネルギーを生みます。

人生で、できなかったことに、なんの意味がありません。

「できなかった」を見つめる必要もありません。できなかった裏には、かならず大切にされた何かがあるからです。

体を休めることができたかもしれません。

元気のない人とランチに行って元気づけたかもしれません。

別の仕事をていねいに、心をこめてしていたのかもしれません。

できたことはあったのです。

「それじゃあ何も考えない怠惰な人になってしまいませんか」と言われそうですが、そんなことはありません。目標がないと怠けてしまうと心配な人は、そもそも目標の設定がまちがっていたり、自分をいじめる苦しい目標を立てていたりします。

「目標」を「**あこがれ**」「**夢**」「**楽しさ**」に置き換えてみてください。

この3つの気持ちのよい点として、義務感がありません。かなわなくても自分のことを責めないでしょう。失望もしないでしょう。

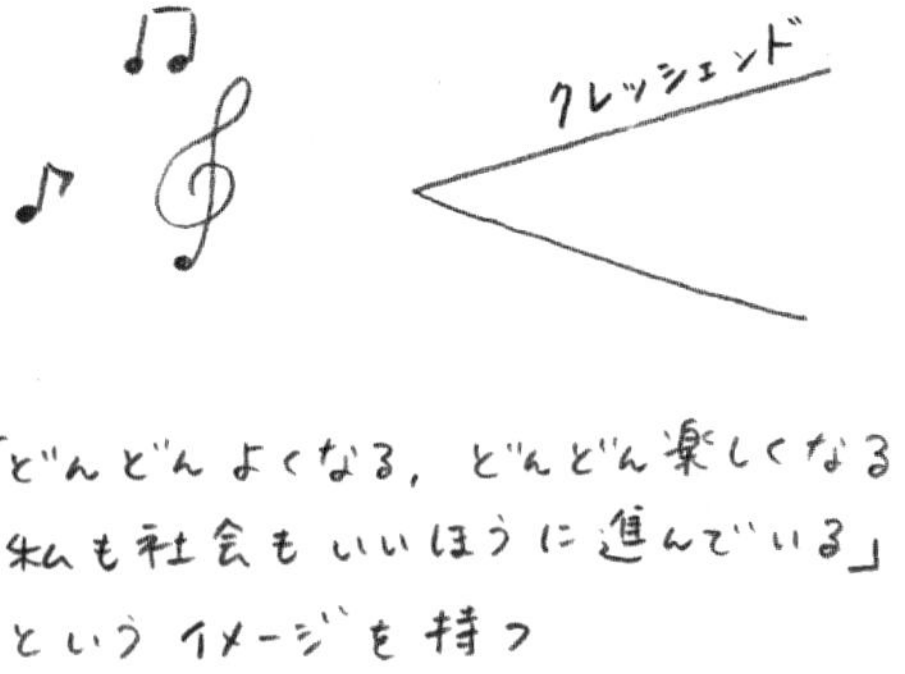
クレッシェンド
「どんどんよくなる、どんどん楽しくなる
私も社会もいいほうに進んでいる」
というイメージを持つ

本来的に「数値目標」や「タスク目標」の根本にはかならず、この3つの気持ちが隠れています。年収1000万円という目標の根本には、「家事を外注してもっと本を読みたいなあ」「子どもが巣立つ前にいっしょに旅行に行きたい」など、あこがれ、夢、楽しさがあるはずなのです。

その夢をイメージすると、体は動きます。安易な数値目標よりも、ずっと心がやわらかく、頭がすっきりしてそのイメージに向けて歩を進めていけます。できればそのイメージを繰り返し、脳内で映像化してください。何度も何度も、すてきな想像をするのです。

具体的なあこがれや夢が思い浮かばない方は、いつも、頭に音楽記号のクレッシェンドのイメージを持ってみてください。

どんどんよくなる。どんどん楽しくなる。自分個人も社会もどんどん幸せになっていく。すると、自然と心地いい未来に近づけるはずです。

労働と収入のバランスを体に聞きながら整えていく。

前項で、数値目標は立てなくてもいいとお伝えしました。

ただ、世の中には数字が好きな人もいます。そういう方は数値目標があったほうが動きやすいし、達成できなかったとしてもサクサクと下方修正して、より、仕事の精度を上げることができます。

「年収の目標をどのように立てたらいいのか」と質問されることも多いので、念のため記しておきます。

たとえばお給料の目標は、声に出して体に聞きます。口に出す数字は、額面ではなく手取り金額のほうがベターです。年収より月収のほうが感覚がつかみやすいので、「30万円あったらいいな」「40万円だったらうれしいな」と数字を声に出して、体の状態を観察してみてください。

大きく深く呼吸ができるか。肩に力が入らないか。

鎖骨まわりがリラックスして、自然とほほえみを浮かべられるか。

喉がギュッとつまったり、息がつまったりしたら、「それを目指すのは苦しそうだな」と、体はわかっています。

月収がむずかしければ、時給でも大丈夫。

「時給1500円の人になりたい」

「時給2000円の人になりたい」

そんなふうに口に出しながら、体の状態、特に呼吸を観察してみると、あなたにちょうどよくて、無理せずあたたかい気持ちのままで目指せる目標がわかってきます。

そのときに、「週にこのくらい働いて」という仕事時間のイメージも口に出すと、目標がより無理なく整い、体になじみます。

「週に3回13時から17時まで働いて、時給は1500円がいいなあ」

という方もいれば、自営業の方で、

「朝9時から19時まで働いて、土曜日も3時間ほど働く。手取りで年収1200万円を達成したい」

というのが体になじむという方もいました。

にこにこできるバランスを口に出しながら探ってみると、だんだんとあなたにあった「目指したい場所」が見えてくると思います。

仕事を始める前、1分間のあいさつを。仕事終わりには、自分をねぎらう言葉をかける。

仕事モードの自分にスッと切り替えるために、仕事を始める前にあいさつをします。

「おはようございます。今日もありがとうございます」

「私は今日も〇〇できます。よろしくお願いします」

〇〇のところは、あなたの仕事内容を入れます。

「私は今日もおいしいパンを焼けます」

「私は今日もいい接客ができます」

「〇〇できます」のあと、1分くらい心を静かにして、「よろしくお願いします」という言葉でしめて、仕事に取り掛かりましょう。

この「よろしくお願いします」は、仕事の神様に向かってお願いするイメージです。神様というのが抵抗があるなら、空や太陽などをイメージしてもいいですし、尊敬する先輩、両親など自分を守ってくれる存在を思い浮かべてもいいと思います。私自身は無宗教で、八百万《やおよろず》の神様が好きなので、森羅万象すべてをイメージして「よろしくお願いします」とあいさつします。

この1分のあいさつで、雑音が消えるのです。雑音とは、脳みそのゴミ。

「私はダメだ、できない、成果が上がらない」

そんな思い込みのゴミを取っている作業です。

仕事の終わりには、

「今日もちゃんと仕事できました。ありがとうございました。よくがんばった！」

と声に出して自分をねぎらいます。

ノルマが達成できなくても、失敗があったとしても、この言葉をかけましょう。なぜなら、あなたはできたはずだからです。あまりはかどらなかったとしても、体調が悪かったとしても、そのなかでがんばれたはずです。オッケーです！　今日もがんばれた、今日もできたなあと思えたら、明日もできます。

今日はうまくいかなかった、私はダメだ、という自己否定のゴミを、仕事の終わりにしっかりお掃除しましょう。

古い思念や体に浴びた電磁波を1日の終わりにお風呂で洗い流す。

1日仕事をしていると、自分の喜怒哀楽、他人の喜怒哀楽を浴びて、多くの思念が体にまとわりついています。

パソコンに向かって仕事をしている人は、チリチリとした電磁波が体に帯電して振動しています。

それらを水で洗い流し、肌や毛穴から新鮮なエネルギーを吸収することで新しい自分になれるのが、入浴です。

特に、トラブルが起こった日、失敗した日、職場できつい言葉を言われた日は、耳まわりから後頭部に、焦りや心配、ネガティブな気分が発汗症状として残ってしまいます。

大変だった日こそ、ゆっくり湯船につかって、古いエネルギーを落として眠りにつきましょう。そうすると悪夢も見にくくなります。

またパワー不足の日は、湯船にクリスタルを入れたり、粗塩を入れたりすると、より浄化されるので試してみてください。

水の力でリフレッシュする

1

ゆっくり 湯船に つかって
古い思念を 洗い流しましょう。

2

クリスタルは エネルギー不足の日に
海の粗塩は
くよくよ した気持ちを 軽く
したいとき に 入れます。

3

お風呂上がり は なるべく
スマホ を 体から 離す。
必要なときは、机の上に 置いて
指先で スクロール。

4

洋服に ついた 古い思念は
洗濯で 洗い流せます。

朝いちばんに、机の水拭きを。水の力で新しい1日を始める。

1日のはじめにおすすめなのが、机の水拭きです。布やキッチンペーパーに水を含ませて、「よろしくね」という気持ちで、机やマウス、キーボードなど仕事の道具を拭いていきます。クリアファイルやプラスチックのファイルボックスも拭きます。

仕事の相棒であるパソコンも、固く絞った布で拭きます。電源を落とした状態で力を入れないでやさしく拭くのがポイントです。ウェットティッシュやパソコンクリーナーよりも、その日の新しい水を使って拭くと新鮮なエネルギーを得られます。

仕事終わりに水拭きしてもOKです。どちらでもお好きなほうで。昨日と今日の境目に小さなリセットを入れることで、人や物の意識が静かに変わっていきます。

また、日々使っている日用品を、水で軽く洗うことはとても心地よいものです。

特にボールペンなどの文具類は、洗えそうな作りであればサッと水で洗って拭きあげると、日頃の疲れまでも取れるかのようなふし

ぎな感覚がわいてきます。

固く絞った布で手あかや脂を拭いてあげるのもよいでしょう。

やさしい心で洗ったものは、精妙なオーラを持ちます。

私は潔癖症ではありませんが、毎日手で持つ物を洗うとなぜか運気が上がっていきますし、いいアイデアも浮かびます。

入浴同様、水の力で古い思念を落とすこのお手入れ方法は、なんとなく疲れたなと思うようなときにやってみると、より効果を感じやすいはずです。

食べ物と稼ぎ力には関係があります。

「体と脳のいい状態」を作るのは食べた物だと考えています。しっかり仕事をしたい、稼ぎ力を上げたいという方は、何を食べると自分が「いい状態」でいられるのか、観察してみてください。

仕事力をアップさせる食べ物をいくつかご紹介します。

まずはオーガニックの野菜。食べると、ひらめきが冴えて直感力が研ぎ澄まされます。高いお肉は買えなくても、２５０円のオーガニックほうれん草を買ってみて、ごま和えにして食べれば、鉄分やミネラルによって元気が出ます。気合も入ります。

ぐっと集中したいときは魚料理を。前日の夕食だけでなく朝食も忘れずに。びっくりするほど頭がよく働きます。

パワーが足りないときは、ナッツやドライフルーツがおすすめです。

ほかにもよい目覚めのためのお米、イライラと興奮状態を沈めてくれるお豆腐など、即効性がある食べ物の知恵を得ておくと、仕事のパフォーマンスを落とさずすみます。

1
集中したいときの魚

大切な会議の前、締め切りのきつい仕事の前は、魚を食べてください。

2
よい目覚めのためのお米

お茶碗半分でも夕飯にお米を。炭水化物は脳の栄養と言われているように、眠っているあいだに脳の掃除をしてくれて、目覚めがよくなります。

3
パワー不足のときのナッツ

イライラを軽減するカルシウム、体の痛みをとるマグネシウム、疲れをとる鉄、記憶力を高める亜鉛。ナッツには自分を強くするエネルギーがたっぷり。かばんに忍ばせて、仕事中にパクパク。

職場のお悩みには、自分なりの薬箱を持っておく。

どんな仕事も相手のあるものですから、悩むことや困惑する出来事が起こります。自分の落ち込みパターンのようなものもありますよね。

そんなとき、自分なりの処方箋、薬箱みたいなものを持っておくと、「何があっても大丈夫」と、落ち着いた気持ちでいられます。

私にとっての薬箱は本屋さんです。エネルギー不足だなあと思ったら書店に行きます。店内を数分うろうろするだけで、そのとき必要な情報や助けてくれる言葉が目に入ってきます。ちょっと喉が痛いときに行ったら治ってしまうくらい大事な薬箱なのです。

次ページからみなさんが自分なりの処方箋を見つけるヒントをご紹介します。日々みなさんから聞く仕事の悩み、職場の悩みに対応したものですので、参考にしてみてくださいね。

1

意地悪な人

きつくて意地悪で不親切な人は、どこの職場にもいるものです。体力のない人は逃げるが勝ち。体力のある人は猛獣使いになりましょう。猛獣使いになるには「いつかこの人を追い越そう」「あなたがいないとやっていけないと頼られる人になろう」と思って、怒りや恨みをうまく手放すこと。そうすると自然に相手の態度が変わり、あなたを敬うようになってきます。

2

トラブルでパニクる

机の前で悩むのはやめて、近くの公園で深呼吸。緑のそばでパニクっている状態から、ニュートラルにもどします。場所移動ができないときは、「落ち着け！　自分」「何が必要？　自分」「ふんばれ！　自分」「集中！　自分」と声に出し、しっかり指令を出します。声に出すとどんなにパニクっていても、必要最低限のことはできます。

3

こんにゃろめ！ノート

怒りや混乱が爆発したときは、ノートに書いてみます。名づけて「こんにゃろめ！ノート」。あの人にこう言われていやだった、あの人のあの態度にむかついたなど、思うままに書きつけることで、自分の気持ちをメンテナンスできます。実はこの作業、体力が必要ですから、最後に「〇〇ちゃん（自分の名前）よくがんばったよーー！」という自分へのいたわりの言葉も忘れずに書きましょう。

4

「すべてやめたい！ すべて放り出したい！」と思ったとき

今の会社、今の環境、何もかもがいやになってしまったら、仕事を辞めるつもりで動いてみてください。転職サイトに登録して、面接用の服を買うつもりでデパートへ行きます。履歴書を書いて送る寸前でストップ。この行動でワクワクを感じられれば、ひとまず大丈夫です。元気になります。もう少し今の場所でがんばれます。

5

やる気が出ない、無気力の沼

エネルギー回復への最短距離は、寝る↓制限なく寝る（目覚まし時計禁止）↓飽きるほど寝る↓13時間眠れてスゴイ！　と自分をほめる↓寝ることに飽きた↓歩きたくなる↓外出する↓最初は無人の自然エネルギーを得る↓人がいるところへ行く↓おなかがすく↓飲んで食べる↓よく飲んで食べたと自分をほめる↓本屋さんに行ったり、好きな映画を観たりする。ぜひ試してみてください。

6

休憩時間は日に当たる

太陽のパワーは強大です。日のもとに出ると、疲れがふとゆるみ、落ち込みが軽減され、前向きに「何かしよう」というパワーがわいてきます。暗いところで仕事をしていたら、人間どれだけ気分が暗くなるか。仕事で地下にいる必要がある人、窓から遠く離れた席の人は、休憩中に窓をあけて外を見るだけでもいいので、意識的に太陽を浴びてください。

7 椅子が大切です

リモートワーク当初は食卓の椅子で急場をしのいでいたと思いますが、いよいよ「家で仕事」のライフスタイルが確定したら、いちばんはじめに椅子を買いましょう。

座面の高さや奥行き、背もたれなど、実際にたくさん座り比べてください。椅子をまちがうとあっというまに腰痛、肩こり、慢性疲労に悩まされます。椅子が合わないだけなのに、仕事に自信までなくなってしまいますから、ぜひ軽く考えずに投資してください。

8 香りを味方に

アイデアが出ないときは、まず目に入るもの変えること。窓の外を見る、空を見る、散歩に出る。それができないときは、香りで空気を変えましょう。ルームスプレーをしゅっとひと吹き、ハンカチにアロマオイルを1滴落として、スーハースーハー深呼吸。これだけで1分前の思考を手放し、新たに考え始めることができます。

職場に「ほめ上手」がひとりいると、仕事はなめらかに進みます。

「仕事ができる人」は、どんな人だと思いますか？

作業が速い、説明が上手、メールの返信が早いなど、能力があっててきぱきしている人を思い浮かべるのではないでしょうか。

真に「仕事ができる人」は、ほめ上手な人です。

職場に「ほめ上手」がひとりいると、仕事がなめらかに進みます。ほめるというのは尊敬です。尊敬の言葉は脳にいち早く働きかけ、相手の能力をぐんぐん伸ばします。能力や経験の差はありますし、常識がないと思えるような困った人もいるかもしれません。

でも、だれだって、ほめられたらうれしいのです。うれしかったら、能力もぐんと上がります。

ほめ言葉は、ツボ押しと似ています。マッサージを受けたとき、上手な人はツボをおさえるのがうまく、強くおさえなくても体がラクになります。逆に、ツボじゃないところを押されたら、ただただ気持ち悪いだけ。

相手にとってのツボ＝ほめ言葉が有効なポイントは、相手の話をよく聞くことでわかります。

「最近どんな感じ？」と話しかけてみてください。相手が苦労話を話し始めたら大漁のチャンス。

「それは大変だったね。苦労したね。そこでそれを言えたのはすごいね」と、自然とほめ言葉が出てくるはずです。

過去の話にも、ヒントがたくさん埋まっています。

「どれだけの数の顧客を喜ばせたの？（1000人は顧客がいる）企画を何本成功させたの？（30本は成功している）このハードな職場で何年がんばってきたの？（12年がんばってこれた）」

「すごいね！　今までがんばってこれたじゃん！」

そんな具体的な言葉のやりとりを通して、相手の心がみるみる元気になります。特に、弱っている人、落ち込んでいる人を、言葉のツボ押しで助けたら、相手はあなたのことを一生忘れません。

人を助けられる言葉を言える人が、お金に困るわけがありません。ほめ言葉が人の運を招き、金運を招くのです。

職場の雰囲気は
あなたが
変える。

ギスギスした雰囲気の「黒い職場」に勤めるのは、とてもつらいものです。逃げてもいい、辞めてもいい、と思います。

でも、空気を変えることはできます。

上司が、自分の部下に対して愛を持って、「この職場に来てくれてありがとう。いっしょに働いてくれてありがとう」と思えたら、空気は変わります。

上司の立場でなくても、いっしょに働く人を愛そうと思うだけで、少しずつ少しずつ空気は変わります（上役のほうが変化は早いですが）。

この本を手に取ってくださる読者の方を想像してみました。

きっと、あたたかくて、勇気のあるやさしい心の持ち主だと思います。

たぶん、あなたひとりでも、空気を変えることはできます。

できることは、とてもとてもささやかです。

困っている人がいたら、手伝いを申し出る。

ミスして泣いている人がいたら、追い詰めない。

落ち込んでいる人がいたら、そっとしておく。少し時間が経ったら、「大丈夫？」と声をかける。

焦っている人がいたら、穏やかな声で話しかける。

みんなが使うファイル、コピー機を、朝いちばんに水拭きする。

ありがとうございます、おはようございます、お疲れさまでした。にっこり笑顔であいさつする。

陰口を言わない、人の悪口にのらない。

ほめ言葉を口にする。

あなたが上役ならば、定期的に席替えをする（シャッフルで空気が変わります）、花を飾る、部下の話をしっかり聞く。

そのようなことで、少しずつ、あたたかい空気が満ちてきます。

本書の読者の方なら、きっとできると思っています。

稼ぎ力を上げたい人は休日、全力で楽しむ。

仕事と関係のない場所で充実した時間をすごしている人が、なぜか仕事もうまくいき、「稼ぎ力」＝収入アップにつながっていく様子を何十年も見てきました。ここにはきっと理由があるはずです。

思い返すと会社員時代、来年度の予算組みが始まる12月ごろから、人事異動や昇格などの話が秘密裡に始まっていました。

その際、管理者のあいだでかならず出てくる会話が、「**だれがいい感じなのか**」です。「いい感じ」の解像度をもう少し上げてみると、次のようなことです。

- **明るい**
- **充実感がある**
- **不平不満が見えない**
- **周囲とうまくやっている**

能力や実績などの話はふしぎとそれほど出ません。

いい感じの人には、新規プロジェクトのリーダー、係長や課長への昇格、昇進試験を受けてみてはという声がかかります。

社内での昇給にとどまらず、別の会社で働く知人や取引先から「わが社へ来てほしい」などの声もかかります。今いる場所の上司も手放したくないので、給料アップの話が持ち上がります。

「いい感じ」の人の共通点は、仕事以外の場所での充実度でした。テニスやダンスなど週2~3回体を動かしている人、ドラマが大好きで家でほくほくと見ている人、犬を飼っていて土日は犬好き仲間とオフ会に忙しい人。「**よく遊び、上手に休む**」人がいい感じの人でした。月曜の朝、輝いている人なのですね。

最大級にご機嫌な休日をすごすと、仕事のおかげで楽しい休日があると認められるようになり、すると、仕事を敵とみなさず、友だちのような感覚になります。

ですから、稼ぎ力をアップしたければ、仕事をさらにがんばるのではなく（あなたはじゅうぶんがんばっているはずなので）、週に1日でも、思いっきりご機嫌にすごすこと。だまされたと思ってトライしてみてください！

休日をご機嫌にすごすと収入がアップする

金曜日の夜 休みの日も
少しは仕事しなくちゃ！って
思うけど……
土曜日は…
テニス！
飲み会！
日曜日は…
家事をすませて
ドラマ三昧！
(ひるねも)
月曜日
おっはようございまーす！
あの子いい感じ

愛情こめて作られた洋服はツヤがあり、ゆがんでいません。あなたの仕事を助けてくれます。

あなたがもし企業の経営者だったら、どんな人を採用したいですか？　どんな人に仕事を頼みたいですか？　どんな人にお金を払いたいですか？

何はさておき信用できる人ではないでしょうか。

信用されるには、まず見た目です。身だしなみを整える必要があります。

服がかもす印象は素直に伝わるものです。

友情を感じて買った服を着ていると、あなたがやさしく美しく見えるだけでなく、その場にすっとなじみ、目の前の人に、ざらざらした感情が起こりにくいのです。

「この人大丈夫かな？」という印象でスタートするより、「なんだかいい感じの人だなあ」でスタートしたほうが、そのあとの仕事がより誠実で精度の高いものになることは言うまでもありません。

巷《ちまた》の本には、金運がよくなるファッション、金運がよくなる小物などの項目がかならず入っていますが、個人的には、黄色い服やへ

びをかたどったネックレスが金運を呼び込む（笑）、というようなことはないと思います。

第1章でお金と体の状態のことを、たくさんご説明しましたが、体をいい状態にするという意味で、肌ざわりや着心地がとても大切です。着ていてにっこりできる服、自分が着心地のいい服、幸せな気持ちになる服を選びましょう。

それをふまえた上で、仕事であなたを助けてくれる洋服のポイントは**①ツヤ感がある、②ミシン目がきれい、③ラインがゆがんでいない服**です。言い換えると愛情をこめて作られた服です。

また、あなたが、仕事相手からどのように見えているか——信頼できる人に見えるか、派手な人、個性的な人、地味な人に見えるかは自分ではわかりません。率直な意見を言ってくれる家族や友人に聞いてみる、デパートのパーソナルスタイリングのサービスを利用するなど、他者の目をいただくことが値千金の効果を生みます。

仕事であなたを助けてくれる服

1 ツヤ感があり、光って見える服

綿や麻でも、長い糸で織られたいい布は光って見えます。顔に向かってレフ板のようになり、表情を明るくしてくれます。

2 ミシン目がきれいな服

ミシン目のピッチが一定で落ち着いているものは、愛情をかけて作られた服です。糸の始末もきれいなものを選びましょう。

3 肩線・すそ線・わき線などのラインがゆがんでいない

急いで雑に作られた服は、ラインがゆがんでいることがあります。肩のラインがなめらかだと周囲に安心感を与えますが、右肩だけとがって見えたりすると、なんとなく違和感を感じます。

顔まわりを明るく。血色のいい人へチャンスはやってくる。

最近、イヤリングを買いました。長年使っていた大のお気に入りを落としてしまったため、ずっと新しい物を探していたのですが、ようやく大好きだと思えるものに出合えました。

落としたイヤリングは1980円のもの。新調したものも1500円。高価なものではありませんが、耳にワンポイントあるだけで、顔まわりが明るくなるのでうれしくなります。

前項でも「レフ板」とお伝えしましたが、顔まわりを明るくするのは、人の運（金運）に直結します。上気している顔、血色のいい顔に、まわりの人は生命力の強さを感じ、いっしょにいて楽しい、仕事をお願いしたい、いっしょに仕事したいとなります。

明るくて、目力があって、まぁるく、ふっくらしている、おいしそうな顔の人のそばには、まちがいなくすてきな人がたくさんいるものです。

顔まわりが明るいと人が寄ってくる

耳に キラッと ワンポイント
あるだけで 印象が 違います。

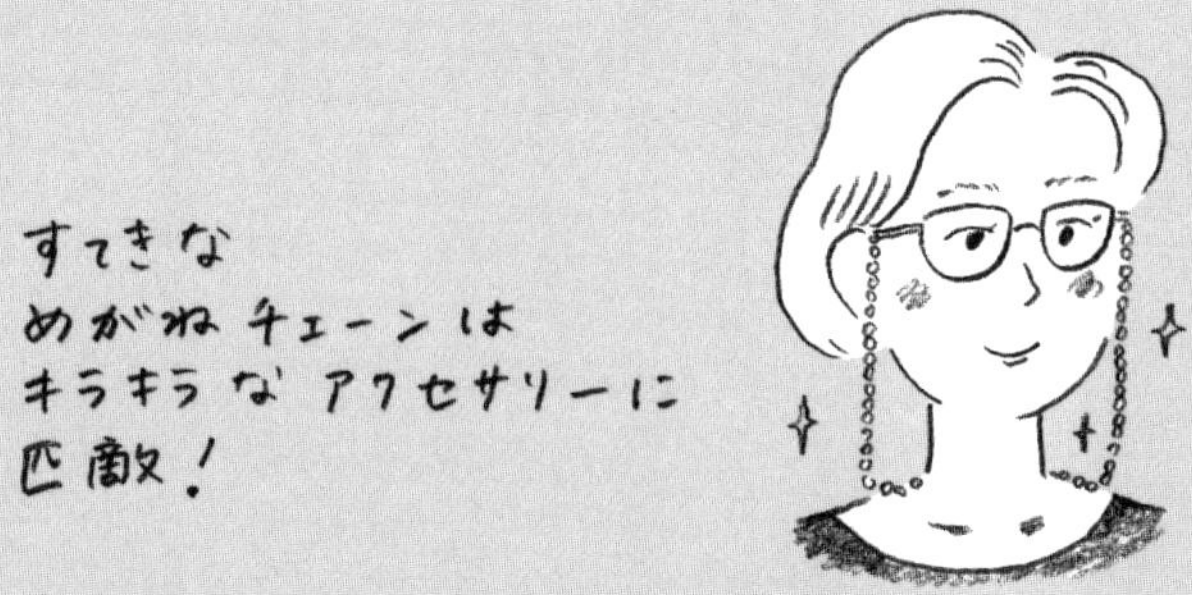
すてきな
めがね チェーンは
キラキラな アクセサリーに
匹敵！

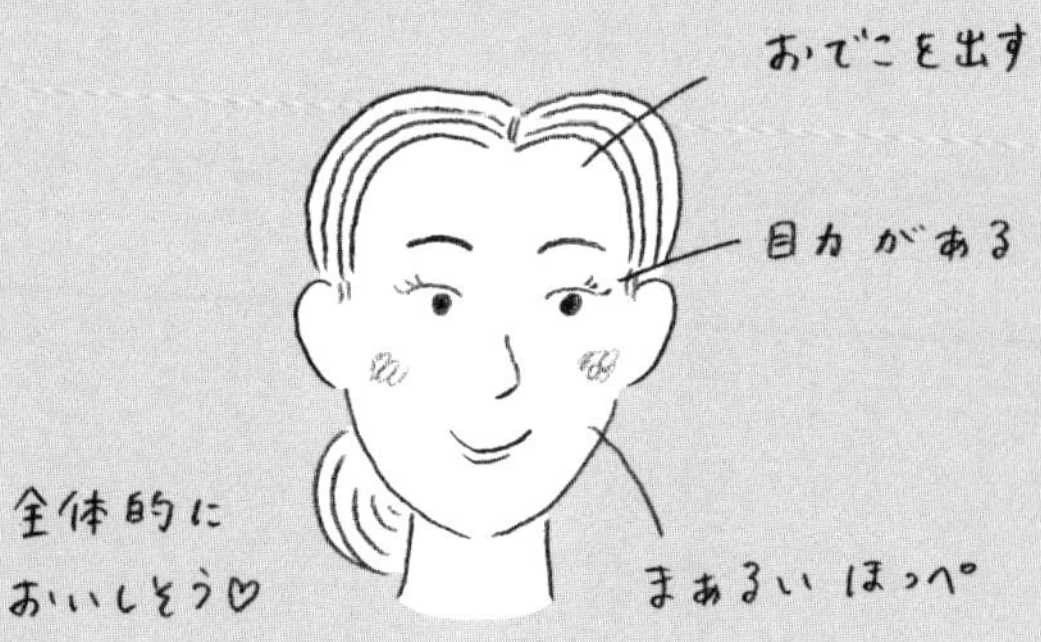
おでこを出す
目力がある
全体的に
おいしそう♡
まあるい ほっぺ

ネットで始める小さな商いは、だれもがわかる「のれん」を出します。

あなたの中に、①「これが好き」②「こんな形で人の役に立てる」といった商売の兆しはあるでしょうか。

もし、自分の体の中に、このふたつのエネルギーがあるとしたら、小さな商いを始めてみてもいいと思います。

イラストを描く、お買い物に同行してファッションアドバイス、アクセサリー制作、英会話の個人レッスン、お菓子作り。あなたの小さな「得意」がインスタグラム等を通じて商売にできる時代です。用意が整ってからとか、資格を取ってからとか、あれこれ考えずに、「ひとまず始めましょう」とアドバイスします。

ネット上で商売を始める場合、まず何より大切なのは、「伝わるのれん」を出すことです。自分が何者で、何を売ろうとしているのか。トップの数行に命をかけてガツンと宣言します。

「こちらはアクセサリー店です。アコヤパールとスワロフスキーを使ったハンドメイドのアクセサリーを販売しています」

こんなふうに、だれが読んでもあなたの商いがわかるように短い文で示します。

わざわざ基本的なアドバイスをするのは、多くのページが、いったい何屋さんかわからないからです。たとえば、「レインボーファルコン」「生活に風を巻き起こす」「あなたらしさコンシェルジュ」「暮らしのきらめきアドバイザー」（注・実在しません）などのキャッチコピーは、不親切です。

大企業なら大丈夫ですよね。「空気を変える」とダイキンさんが言ったら、エアコンや空気清浄機の商品だと伝わります。

1秒で伝わらない言葉は、読み手に「読まないもん」「見ないもん」「わからんよ」という反発を生んでしまいます。

ですから、しっかり「アクセサリー店です」と書いてください。ここに演出は必要ありません。「こだわりのピアス」とか「心をこめて」とか「やさしい」とかも、書かなくて大丈夫です。

事実を簡潔に示し、胸を張って「のれん」にする。まずはそれが大切なことです。

広く開いても
大丈夫。
あなたが
誠実でいれば、
誠実な商売ができ、
誠実なお客様がつく。

ネットで商売を始める方のいちばん多いご相談が、顔を出したくないというものです。

私は「だれかに会いに来てもらいたいなら、お顔を出しませんか」と、やんわりお伝えします。

あなたがもしお客さんだったら、顔のわかる人と仕事したいと思いませんか。

顔はすべてを物語ります。人柄、やさしさ、誠実さ、ゆたかさ（困っていない感じ）。あなたのよさを伝えるいちばんの情報ですから、写真で伝えたほうがいいと、私は思います。

物を売るだけなら商品写真だけでいいですが、実際に会う仕事は顔写真が安心材料になります。

有名になったらどうしようという心配もよくお聞きします。

有名になりすぎて、プライベートがなくならないかな。変な人につきまとわれたらどうしよう。税務署に目をつけられないかな。

いやいや、ちょっと待ってください。それは、有名になってから

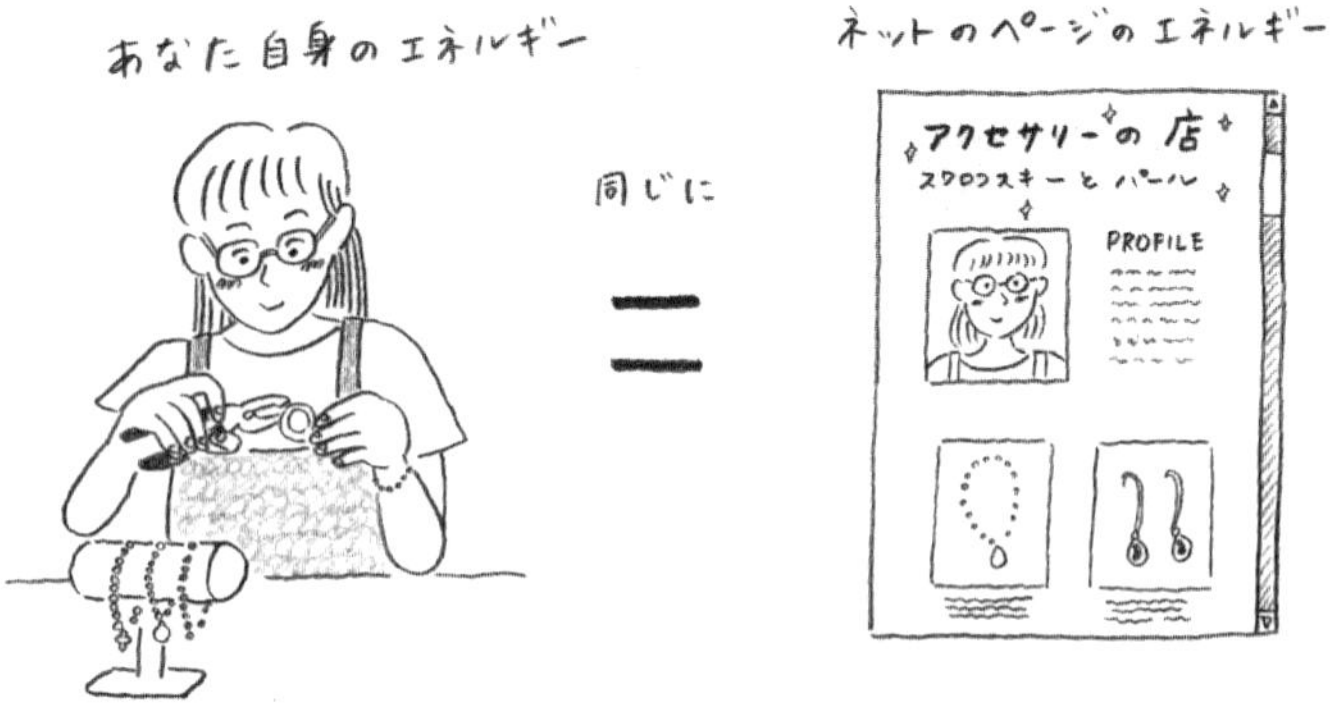

心配してください(笑)。寝て目覚めたらフォロワー100万人ということにはなりませんので、ご安心あれ。

もちろん、自宅住所や家族情報などのプライベートについて、教える必要はありません。それは一般的な人間関係でも同じですよね。多くの人に注目され始めたら、セキュリティを強化する必要はあります。でも、ふつうに誠実に生きていれば、心配ありません。

ネット商いの「誠実」とは何か。

自分自身とネット上の表現のエネルギーを、同一にすることです。

明るくて、きれいで、美しい画像はとても魅力的ですが、その表現世界と本人の実体がかけ離れているまま商いをするのは、不誠実です（趣味の範囲で、商売にしないのであれば、自分とは違う世界観をネットで表現するのは問題ありません）。

同一にする、という意味で、謙遜しすぎもよくありません。

「自慢に思われたらいやだな……」という思いから具体的な実績を積極的に掲載しない人もいますが、その実績にうそがなければいやらしくありませんし、自慢げにも見えません。事実と自慢は違います。ことさら声高に言う必要はありませんが、お客様の安心にもつながりますので、きちんと書きましょう。

大きくも小さくも見せない。

エネルギーを同一にする。

このふたつを心がけていれば、広く開いても大丈夫です。誠実な商いができ、誠実なお客様があなたのもとに来てくれるはずです。

値段をつけるときは慎重に。値付けに成功するとそのあとの運びがなめらかです。

趣味でやっていたことについて、周囲の人から、「どうしても作ってほしい」「どうしても仕事をお願いしたい」というオーダーがあったら、有料に、つまり商売にできます。そのとき、最初の値付けが重要です。

まず、あなたのお客様はどんな方ですか？

自由になるお金はどのくらいあって、あなたの提供するサービスにいくらくらいまでなら、苦しくなくお金を払っていただけるでしょうか。冷静に想像して、

「あのお客様で、このピアスだったら、３５００円くらいは払っていただけるだろう」という具体的な値段をつけます。

次に、自分の住んでいる地域の最低時給を調べます。

ひとつの商品にかかったあなたの労力を時給換算し、そこに材料費や場所代などの経費を足します。

先ほど出した商品（サービス）の値段に収まりましたか？

もし、自分の時給が地域の最低時給を下回る計算になるなら、残

念ながら商売にはなりません。無理に商いにせず、趣味やボランティアの範囲にとどめておいたほうが「好き」という宝石のような存在を大事にできます。あなたの大切なものを何もかも商売にする必要はないのですから。

時給が地域の最低時給をクリアできたのであれば、商いを始めていきましょう。

最初はなかなかうまくいかないかもしれませんが、だれかひとりでも本気でほしいと思って、喜んでくれたら、いずれそのひとりが10人になるので続ける価値はあると思います。

「高すぎるかな？」または「安すぎるかな？」と、値付けが適正かどうか迷ったら、呼吸に着目してみてください。

商品やサービスについて、お金をもらいすぎているとき、お客様の呼吸が浅くなります。

反対に、「安く売ってしまった。もう少しもらいたかったな」と

売るほうも　買うほうも
深い呼吸で　にこにこできるのが
よい値付けです。

あなたが思ったら、やはりあなたの呼吸が浅くなり、喉が苦しくなります。

過去を振り返ってみると、後悔する買い物や、提供されたサービスと受け手側の満足感が合っていないときは、お金を支払うときになんとなく呼吸が浅くなり、「買ってよかった！　大満足♡」という気持ちのときは、笑顔で深く息ができます。

双方が満足し、「買ってよかったなぁ」「売ってよかったなぁ」と思えてはじめて、いい商売になります。

双方が深い呼吸ができない値段では、リピートにつながりません。

自分も相手も、幸せになれるよう、最初の値付けに失敗しないように、というアドバイスでした。

そろそろ本気で「つらい、悲しい、しんどい」をやめませんか？

仕事は、がまん、忍耐、ストレス。だから、休日は楽しく、喜びに満ちたものに。この構図が当たり前のものとして心にどっしり入っている人が多いのですが、この本で声を大にして言いたいです。**そろそろ本気で、「仕事はつらい、悲しい、しんどい」をやめませんか。**

長時間ストレスのかかるがまんや忍耐、落ち込んでしまうほどの反省、死にたくなるような自己卑下は、人間にとっては毒にしかならない、とだれかが言わないとなあと思います。

それらは、その人の成長する力をストップさせてしまう圧縮エネルギーです。何も生み出しません。いい未来を創りません。

少なくとも、仕事を選ぶ自由が保証されている日本という国において、つらい、悲しい、しんどいと感じる合わない仕事はやめられると宣言します。平日も休日も楽しいあなたでいられます。

あなた自身が納得している鍛錬（アスリートにとっての筋トレのようなもの）、未来につながる努力なら大丈夫です。

でも、未来につながらず、ただ苦しいだけ、消耗しているだけ、ただ耐えているだけの仕事をしているのでしたら、さっさとやめましょう。

あなたの持っている魅力と才能が生きる仕事がかならずあります。その人の持つナチュラルなエネルギーが発揮されれば、未来のどこかで、「それほしいです」「それを教えてください」と声がかかります。いずれ、ライフワークになりますから、この世はよくできているのです。

どんな人でも、大切にされて、喜ばれて、かわいがられてはじめて、のびのびと育っていきます。自分の心や気持ちに素直になって、楽しい、うれしいと喜べる幸せな気持ちを大事にしたら、幸せな稼ぎ方ができます。

つらい、悲しい、しんどいがなければお金がもらえない、というのは、まちがった思い込みです。言葉は強いですが、狂気の思い込みです。本気でやめましょう。やめても大丈夫です。

休職中の方へは本人にもご家族にもほめ言葉×1億回。

休職中の方へ。

がんばったね。がんばりすぎましたね。もうじゅうぶんがんばったから、もうがんばらなくて大丈夫です。

あなたが休んでいるのは、たまたま入った会社や、たまたま出会った上司、たまたま担当した仕事が合わなかっただけ。

「実家でニート」と恥ずかしそうに言う人もいますが、支えてくれる家族がいることを、まずは喜びたいです。

しばらくゆったりエネルギー補給。反省めいたことは一切しなくて大丈夫。反省にはまったく意味がありませんから、反省しないでくださいね。

反省や後悔をするくらいなら、食生活を変えてみませんか。青魚、オーガニック野菜、果物を食べ、脳に栄養を与えます。そして、眠る時間と食事時間と散歩時間を毎日同じにして生活を整える。それ以外は、好きなことをたーっぷりしてください。

お子さんが、休職中の親御さんへ。

親が悩みすぎないことが大事です。親が「お前はなんでそうなんだ」という疑いの目で見続けると、その「ダメだお前は」というエネルギーが子どもに伝わってしまうのです。

生まれてきてくれたのだから、それだけでもう最高！と言えばいいのです。私はあなたがいるだけで、最高に幸せだよ、というメッセージを伝え続ける。信頼のエネルギーを子どもに送る。その結果、お子さんたちがごそごそと動き出してくれるのです。

子どもへの悩みや批判は、たいていい自分の中にあるコンプレックスですから、解決する方法は、親自身がクヨクヨ悩まないこと、または悩む必要がないほど忙しいことです。

新卒で入った会社をすぐに辞めても、転職を繰り返そうとも、その子にぴったりの職場にいくためのプロセスであることはまちがいありません。「石の上にも3年」にこだわると、貴重な学びや経験、チャンスを逃してしまいます。

「好き」は変わる。
「好き」は複数ある。
だから、天職は
いくつもあるし、
変わってもいい。

ひとつの仕事だけで生活を賄わなくても、いい時代になりました。何事も小さく始められて、宣伝にお金がかかりません。副業OKの会社も増え、とても自由に「仕事」を考えられます。

せっかくすてきな時代に生きているのですから、従来の働き方の型に自分を無理やりはめ込ませず、もっとやわらかく「仕事」を考えてみませんか。

本書の編集者さんのご友人、Mさんのお話です。習字、金継ぎ、陶芸、お茶と「好き」を追求していって、今は習字を教えることを収入の軸にし、金継ぎを請負い、陶芸作品を展示会で売っていらっしゃいます。Mさんは看護師さんでしたが、自分の中からあふれるものに素直にしたがっているうちに、今の仕事形態にたどりついたのだそうです。

ある知り合いの方は、デザイナーとしてもプロ（20年選手）、お菓子作りもプロ（クッキー販売10年目）、カフェの調理補助としても熟練しています。ひとりでやる仕事、チームで取り組む仕事を上

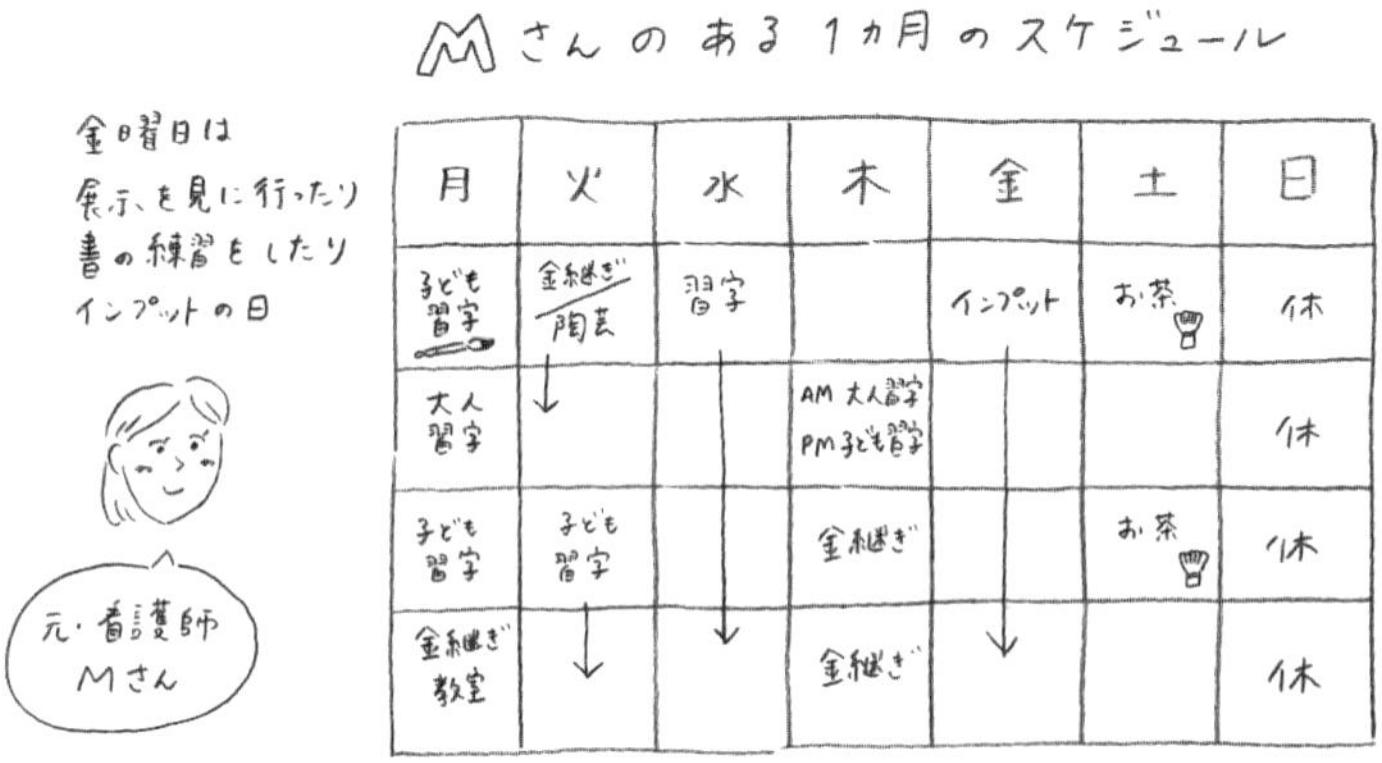
Mさんのある1カ月のスケジュール
金曜日は
展示を見に行ったり
書の練習をしたり
インプットの日
元・看護師
Mさん
月 火 水 木 金 土 日
子ども習字 金継ぎ 陶芸 習字 インプット お茶 休
大人習字 AM 大人習字 PM 子ども習字 休
子ども習字 子ども習字 金継ぎ お茶 休
金継ぎ教室 金継ぎ 休

手に組み合わせて、自分の中に新しい風を入れているそうなのです。それなのに、古い考えの人から「早くデザインだけで食べていけるようになるといいね」などの言葉をかけられるというので、びっくりしてしまいます。

私自身も、たくさんの仕事を経て、今ここにいます。

一貫性がないように思えるかもしれませんが、「今、この瞬間に、ワクワクすること、やらなければ後悔すると思えることを、やる」という意味では一貫してきました。

続けることはいいことですが、それだけが絶対的な美徳とは思いません。「やりきった、はい次」「やっぱり違った、はい次」で、いいのではないでしょうか。

社会がどんどん変わり、仕事や職種もどんどん変わる時代です。そこに乗り遅れないでほしいです。お子さんにも、小さなころから「医者になりなさい」などと言わないことです。20年後、今はまだないすばらしい職業に出会う可能性があるからです。

転職も再就職も軽やかに動いてみる。

もう次に行くタイミングだなあというのは、自然にわかります。「いつかしたい」と思っていたことがあるとします。雲の切れ間から太陽の光が差し込んでくるように、一瞬で「今ならできる」とわかるのです。

「いつか辞めたいなあ」と思ってなかなか会社を辞められなかった人も、時がくれば「もう無理だ！　辞めよう！」と明るいあきらめを得て次に進むことができます。それはネガティブな出来事がきっかけであることが多いのですが、あとから振り返ると「ああ、次に進めるよう采配してもらったな」と気づきます。

ふと心が軽くなって、もう自分の居場所はこの場ではないとわかったら、すぐに転職活動を始めましょう。悩まず、今できることを行動に移してみるだけです。

長らく専業主婦だった方が社会復帰するとき、すごく勇気がいるとおっしゃいます。私は、

「外の空気をすいにいくような気持ちで、週1回から始めてみましょう」

とアドバイスします。気負いすぎると大変ですから、

「いやだったら辞める」

「試しにやってみる」

という感覚で。家族にもそのように伝えておきましょう。そして実際に自分と相性のいい職場に出会うまでは、5回、6回と仕事を変えていいと思います。

50代でリスタートして、今では正社員としてバリバリ働いている方を何人も知っています。

あなたが思っている以上に、社会はあなたを必要としています。

年齢がいけばいくほど収入が少なくなる、というのは古い思い込みです。あなたにお金を払いたいという企業が待っています。

素直な気持ちで、軽くゆるく始めるのが大切なようです。

履歴書を書く前に「I can」を発見する。

「I can. アイキャン。私はできる」

自分は何ができるのか。

履歴書を書く前に、30くらい出してみましょう。

英語ができる、エクセルを使える、普通免許あり、人前で話すことが苦ではない、文章がうまい、入力が速い、企画書をまとめるのが得意、などなど。

家事の中にも「アイキャン」が満ちています。料理が得意、整理収納が得意、お茶を上手に淹れられる、おいしいお店にくわしい、ドラマにくわしい、幹事は任せて、コミュニケーション能力が高い、子どもを泣きやませるのが大得意。

どんな小さいことでもいいのです。子育ての経験が生きる現場もあるし、あなたのドラマ知識が生きる仕事もあります。

とにかく、「アイキャン」を自分で掘り起こすこと。アイキャンがない人は、採用してもらえないので、まずは自分で気づく必要があります。

何もできないと思ってたけど
こんなにあった！
I can
・整理整頓が得意
・計算が速い
・Excelを使える
・ハングルが読める
・司会進行ができる
I have done
・広告代理店事務
（新卒入社から5年）
・イベント時の司会
（100人規模のイベント司会も担当）
・PTA会計監査役
・少年野球チームの世話役6年

次に、「I have done. 私はやってきた」を掘り起こします。

あなたが今まで何をやってきたのか、ということを具体的に書き出します。職歴以外も書きます。ボランティア経験、ＰＴＡ活動、子どもの習い事の世話係。これも最低30は出しましょう。

そこまでやってはじめて、履歴書に取り掛かれます。受ける会社によって、どの「I can」どの「I have done」を打ち出すのか、まったく違いますから、会社の採用担当者さんの気持ちを想像しながら自己ＰＲをしていくとよいでしょう。

この作業は、転職の予定がないときからやっておくと、役に立ちます。企画書をだれよりもたくさん出す、後輩に仕事を教えるのがうまい、よく気がつく、よく気がまわる、足りない物を補充するのが得意、会議の進行管理がうまいなど、具体的に言語化しておき、数カ月に一度見直して、更新します。

自分がいかにできる人間か、自分の何に対して給料が支払われているか、身に沁みてわかるはずです。

やわらかく「稼ぐ」ためにＴ苦しさから離れ、自由を思い出す。

本章では、みなさんに、お金を稼ぐことや仕事をすることを、もっとやわらかく考えてほしいと思い、メッセージを綴りました。

最後に改めてお伝えしたいことがあります。

あなたは自由です。

働き方は、無限にあります。あなたにぴったりの働き方をゼロから創ることだってできます。

日々の業務に追われていると、その自由さを忘れ、みずから既成の枠の中に体を押し込めようとしてしまいます。

自由さを忘れて「こうしたい」という自分の心の声さえ聞こえなくなっていたら、デジタルデトックスの日を作ってみてください。できれば自然の中で、だれともしゃべらず、ゆっくり、ぼんやり。

しんどい状況が長期間続くと、心から始まった不調和が肉体に及んでしまいます。体調不良が起きたら「合わないよ」のサインですから、いったんその場から離れればいい。

植物園の温室に入ったとき、むわ〜っと息苦しくなりますよね。蝶が乱舞し花が咲き乱れ、美しく整えられていても、あなたが、「ここは自分らしくいられない」と感じたら、温室を出たほうがいい。外に出れば、深呼吸ができます。ほーっ、すずしい！と。

一方、熱帯の気候が大好きならば、問題はありません。ここには善悪基準はありません。合わない場所を否定しなくても大丈夫です。

本人の魂の「ＬＩＫＥ」「ＬＯＶＥ」「ＷＡＮＴ」に素直にしたがっていれば、話が大きくなりますが、人類全体が調和します。

どんな世界にいても、そこで息苦しくなったら、

「脱出せよ！　休暇を取れ！　外の空気をすおう！」

です。離れることで、自由を思い出して、新たな一歩を踏み出せます。

第5章　めぐるお金と幸せ——贈り物と寄付

いい呼吸ができれば
いいめぐりの
発信者になれる。

料理、洗濯、掃除、片づけ。日々の家事を通して、あなたの手で愛を伝えると、その愛情が家族や物に伝わり、世界に愛がめぐっていく。

大げさなことではなく、だれにでもできるふつうのこととして、前著からイメージしていたことです。

この章はそのまとめとなる「手渡して、めぐらす」ことをお伝えしていきます。

あなたが持っているお金、時間、物、愛情を、次の人に手渡すことができたとき、あなた自身のお金の不安は消え、心が満たされ、健康でいられるはずです。

まず最初にお伝えしたいのが、呼吸についてです。

これまでの章の中で、何度も呼吸について触れてきました。

呼吸は、めぐりの最小単位です。

すって、はいて、すって、はいて。

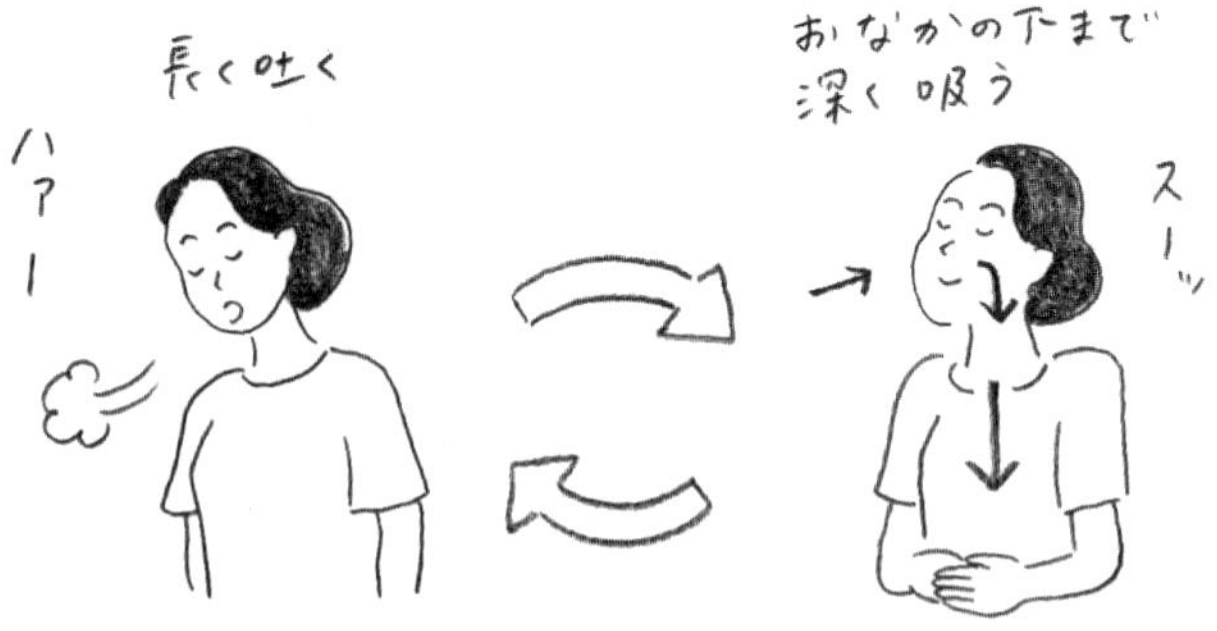

呼吸はめぐりの最小単位

特に考えずに繰り返しているこの動きで、命をつないでいます。深い呼吸ができていれば、あなたが持っているお金、時間、物、愛情を上手に人に手渡すことができます。

すった息を体の中から出さない人はいません。

ハァーとはいて、新しい空気をまた入れる。

お金も同じです。

出すから、入る場所ができる。

入口と出口は、いつもオープンで通りをよくしておく。

だれかに手渡すことは、息をはくくらい自然なことです。

寄付したり、贈り物をしたりがむずかしいなあと思う人は、まずは呼吸のレッスンです。

深くすって、長くゆっくりはく。あなたのための大切な呼吸ができていれば、これだけでじゅうぶんなのです。

空っぽにすると入ってくる。ためこまないのが大切です。

もしもあなたが、お金が入ってこないな、金運が最近よくないなと思ったら、思いきって手放してみることが大事です。

手放すとは、愛のあるお金を使うことです。

自分のためでも、他人のためでもいいので、愛のあるお金の使い方をしてみます（ここがポイントです）。

すてきだなあと思う活動をしている人に寄付をする、おいしそうだなあ、心をこめて作られたんだなあと思う食事にお金を払う。少しでいいのです。それが呼び水になってめぐり出すことがあります。

お金を空気や水のようにイメージしてみてください。

空気は滞留するとよどみます。

水も流れているものはきれいですが、ためおくと腐りやすくなります。お金も、ためこむと毒になります。

自分の体を通して、外に出す。

そんなイメージを持って、手放していきましょう。

自分の中を「通す」イメージ

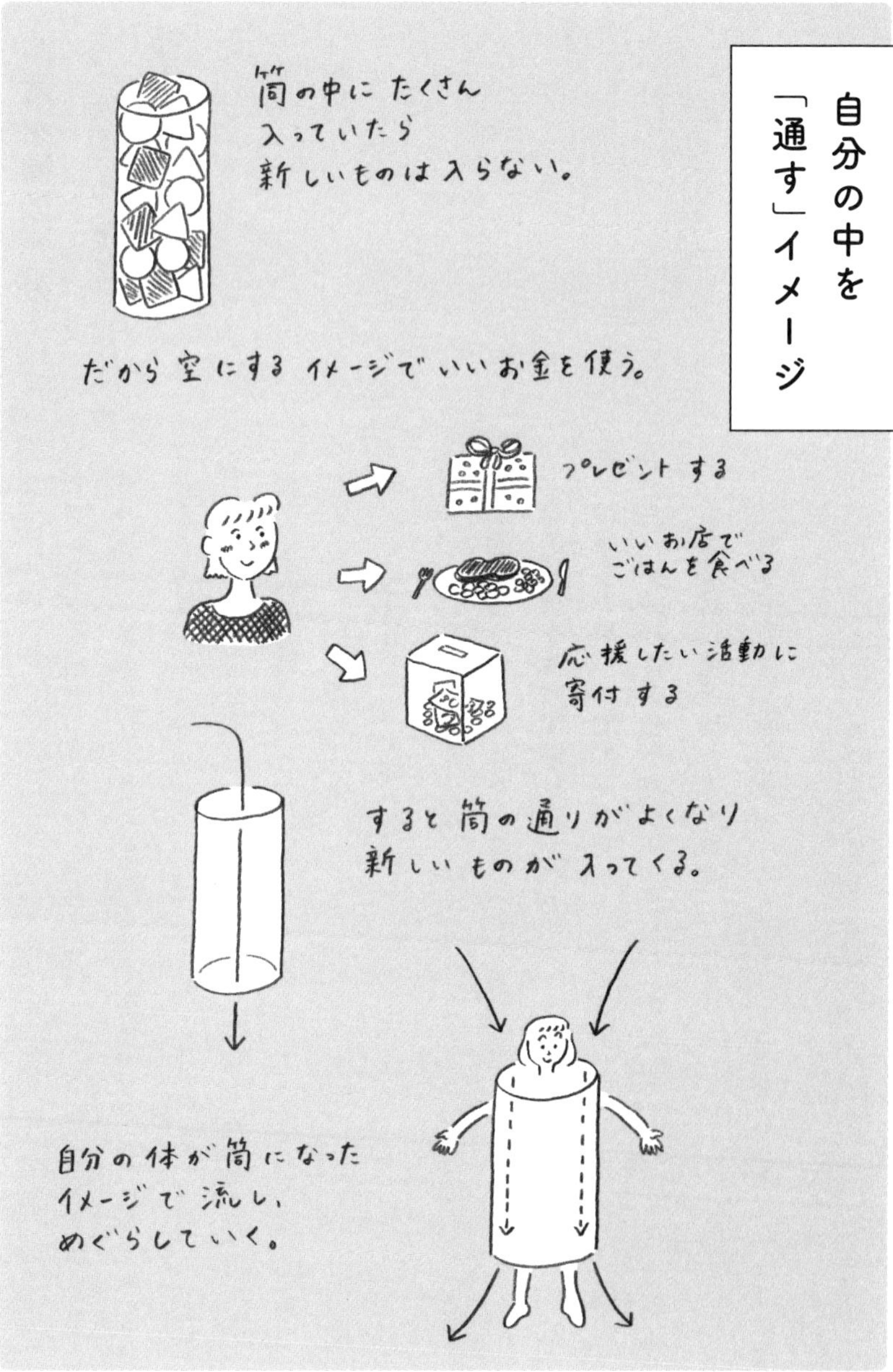

筒の中にたくさん
入っていたら
新しいものは入らない。
だから空にするイメージでいいお金を使う。
プレゼントする
いいお店で
ごはんを食べる
応援したい活動に
寄付する
すると筒の通りがよくなり
新しいものが入ってくる。
自分の体が筒になった
イメージで流し、
めぐらしていく。

お金や物以外の「いただきもの」にこそ敬意を払って、お礼をする。

プレゼントやお祝いのお金などをいただくと、きちんとお礼を言ったり、お返ししたりしますよね。物体として目に見えるので、わかりやすいのです。

でも、人があなたにしてくれた目に見えないこと――使ってくれた心や時間、教えてくれた技術やノウハウこそ、きちんと受け取り、大切にあつかいましょう。

・人を紹介してくれた
・トラブル解決のヒントをくれた
・病院を教えてくれた
・専門技術を使って助けてくれた
・幹事役を買って出てくれた
・グループを取りまとめてくれた
・お店を調べて予約してくれた

このような「いただきもの」に対して、きちんとお礼をしていますか？

いつも幹事やってくれて
ありがとう！

お礼に
ごちそうさせて！
○○さんを紹介してくれて
ありがとう！

たとえば、仕事上で人を紹介してもらったとします。作業としては、メール1本書いてくれただけかもしれませんが、人脈はその人が長年信頼のおける仕事をし続けてきたから築けた何物にも代えがたい宝石です。

会合のとき、いつもお店を調べて予約をしてくれる人は、「個室がいいかな」「あの人は生ものが苦手だから、こちらのお店のほうがいいかな」など、想像以上に心と時間を使ってくれています。

感謝の気持ちを伝えると同時に、「いい方を紹介してくださり、本当にありがとうございます」とお礼をお送りしたり、「いつもお店の予約ありがとう。これ、ささやかだけどお礼です！」という言葉を添えて小さなお菓子をお渡しすることは、とてもとても大切なのです。

金運のいい方（一般的に言うお金持ちですね）は、このような無形の尽力をよくわかっていて、むしろ物じゃないことのほうに重きを置いています。物はお金で買えますから。時間と心を使ってくれたことのありがたさに惜しみない感謝をするのです。

また、友人・知人だからといって、専門家の長年のノウハウをただでもらうような行為は要注意です。

税理士の友人に気軽に節税の相談をする、知り合いのライターに自分の書いた原稿を添削してもらう、医師の知人にたびたび健康相談をする。そのように、尊い専門的な知識や長年の労苦で培った技術をただでもらおうとするのは、泥棒といっしょです。

その人の技術や専門知識を敬っていたら、きちんとお礼をするでしょうし、場合によっては「お支払いさせて」と申し出たくなるのではないでしょうか。

金運は人の運とイコールであると前述しました。

身近な人が使ってくれた心と時間は何物にも代えがたい宝物です。大切に大切にあつかいましょう。

収入や値段の看板をわざわざ出さないこと。

知人のお母さまの教えです。

「収入は人に言ったらダメよ。相手より多くても少なくても、あまりよい感情を生まないから」

収入だけではなく、住んでいる場所や出身地、子どもの学校や夫の会社名など、人はあらゆるところで上か下かを決めて、心ない人はマウントを取ろうとしますし、自慢しているつもりがなくとも自慢と受け取られることもあります。

数値が出るものは上下という位置関係が出てしまうので、いらぬ劣等感やいらぬ優越感を生んでしまうのです。この劣等感、優越感のエネルギーは、とげとげしていて、愛のエネルギーとはほど遠いものです。

だれもが人と人とのあいだで生きています。その関係性のなかでわざわざ数値の看板を出すのは、デリカシーに欠ける行動なのは理解していただけると思います。他愛のないおしゃべりのなかでとげとげエネルギーを生まないよう、少しだけ注意してみてくださいね。

まず、自分の心があたたかくなるかどうか。贈り物選びの秘訣です。

プレゼント上手の人は、お金を上手にまわせる、いいめぐりの人です。相手の気持ち、関係性、状況を存分に想像しなければ、心からにっこり「うれしい、ありがとう」となる贈り物は選べませんから。

贈る側の心が強くあたたまる贈り物は、ふしぎと相手にとってもGOODです。選んでまちがいありません。

選ぶとき、あなたの心があたたまらない贈り物は、少し違うかもしれません。お団子よりお花がいいのか、甘い物より魚の粕漬がいいのか、ランチよりも観劇に誘うほうがいいのか。迷いがあるときは、また別の日に出歩いて考えてみましょう。

うれしいプレゼントをもらったら、体がふわふわと軽くなります。

一方、体が地に向かってずしんと重くなるプレゼントもあります。お酒が飲めないのにワインをいただく、恋人でもない人から身に着ける物を贈られる、多忙な時期に素早い処理が必要な生ものが届いた、など重たいプレゼントはめぐりがストップしてしまいます。

また、かけた時間と思いは比例すると思っています。
もう40年近く前、私の結婚のお祝いに、兄がオルゴールの宝石箱をプレゼントしてくれました。ふたをあけるとミュージカル「キャッツ」の劇歌「メモリー」のメロディが鳴り響きます。内側には私と夫の名前が彫られていました。何カ月も前から注文してくれていたとわかり、「生涯、お兄ちゃん孝行しよう」と思うほど感動しました。

知り合いの社長さんで手みやげ上手な方がいます。わざわざ少し遠回りしておいしいお店に寄ったり、前日に予約したりして、相手が喜ぶものを用意されるそうです。

前もって用意した贈り物はやっぱり心がこもっているなと感じます。間に合わせの物で体裁を整えるくらいなら、「今日は用意できなくてごめんなさい」として、余裕のあるときに改めるほうが、人にも物にもやさしい贈り物になると思います。

毎日会う人、いつもそばにいる人、いちばん身近な人に贈り物を。

いつだったか、夫が万年筆を買ってくれたことがありました。仕事でサインをすることになって数週間前につぶやいた、「万年筆を買わなくちゃ」を聞いていてくれたんだな、覚えていてくれたんだなと、うれしくなりました。

ここで大事なことをひとつ。贈り物を差し出す人についてです。お世話になった人に贈り物をしたいと考えたとき、一般的には恩人、友人、知人、仕事仲間などの顔が浮かびます。そこに、大切な人を忘れていませんか?

お世話になった人には、家族も含まれます。ここは強く言いたいところです。他人にばかりお金を使うことは、どことなく意地悪な気がしてしまうのです。家も荒れます。

私には兄がふたりいます（オルゴールをくれたのは長兄です）。幼稚園のとき、2番目の兄が近所のおもちゃ屋さんで「ちびっこチーちゃん」という人形を買ってくれました。なぜ誕生日でもない日に子どもふたりでおもちゃ屋さんへ行ったのか、なぜ兄が私にプレゼントしてくれたのか、そのあたりの流れは覚えていません。ただ、「お兄ちゃんがちびっこチーちゃんを買ってくれた」といううれしい記憶はずっと胸にあります。もう半世紀以上前のことなのに、いまだにうれしさで細胞がこだまするほどです。

これが私の贈り物のいちばん古い記憶であり、原点のような気もしています。

まずは家族にやさしい贈り物してみませんか。

誕生日や記念日でないときにこそ、あたたかいプレゼントを贈るチャンスがあります。

家族のあいだで愛のめぐりが生まれていたら、それは最高に幸せなことです。

うれしい贈り物は、心をあたため体を軽くします

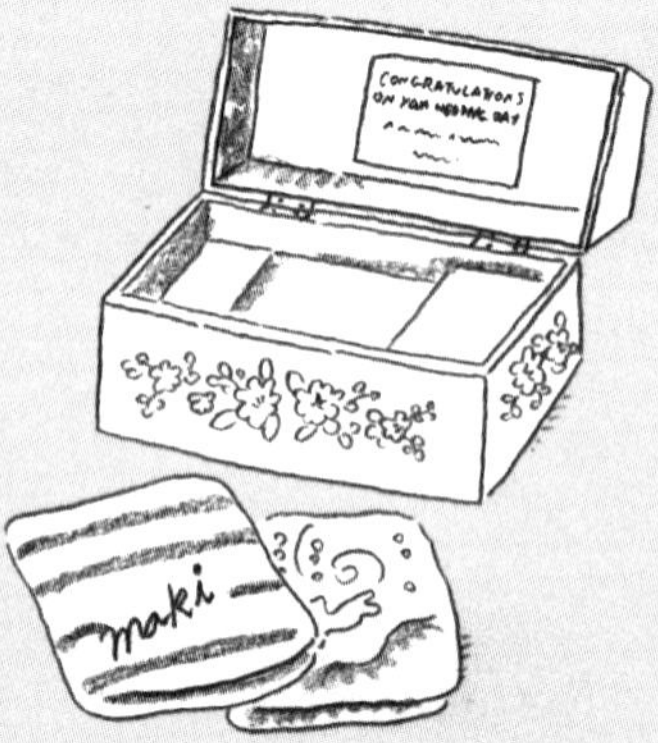

前もって注文してくれてたんだなー。
名前入りの贈り物は
うれしさ ひとしお

本を読まない小学生の妹が
高校生の本好きのお兄ちゃんに本のプレゼント。
書店で一生懸命 選んだんだなー、と
胸が熱くなります。

「覚えていてくれたんだ」
のプレゼント
えっ!
なんでほしい
ものがわかったの!?
COOKIES
スイカ
食べたいなあ
ピンポーン
スイカ
プレゼント上手になるとほしい物が届くという
不思議なことが連続して起こるように。

お金の贈り物は特に気持ちをこめて「包む」。

物をむき出しのまま手渡さない――。

日本で古くから大切にされてきた作法です。手土産は風呂敷に包んで持参しますし、祝儀袋も不祝儀袋も専用の袱紗《ふくさ》があります。「包む」というのは、相手への敬意を示す思いやりで、日本独自の文化なのだそうです。

私はこの文化が好きです。やさしくて、美しい作法だなあと思います。

お祝いのお金をお渡しするときは、かならず新札を用意し、美しい封筒に入れます。

祝儀袋が大げさに感じるようなちょっとしたお祝いのときは、鳩居堂やホールマークのお気に入りの封筒にお金を入れます。

同じ1万円でも、お財布から無造作に出された裸のお札と、美しい封筒に入れられたピン札は、そこにこめられた思いが違い、私も後者をいただく場合は、「前もって用意してくださったんだなあ」と胸があたたかくなります。

ピンとした新札を
前もって用意。

祝儀袋が大げさなときは
美しい封筒に入れてお渡しします。

「包む」ことで、よりいっそう気持ちが伝わるのですね。

お金を贈るときは、「相場」を基準にしがちですが、そこからいったん離れてみて、自分も相手も心があたたかくなる額を考えてみましょう。

知人の受賞祝いの会にお呼ばれする機会がありました。何やらそのような場合のお祝いの額は〇〇円という相場があるようでした。でも、一流ホテルでの開催、お食事も出していただくことを考えたら、その金額では悲しい気がしました。あとで後悔しそうだなあとも思いました。常日頃からお世話になっている方でしたので、気持ちもたくさんのせたいと感じました。

相場は一度無視して、少し多めに（といっても相手が負担にならない額）をお包みしました。ああ、あの金額にしてよかったなあと思います。自己満足の範囲ですが、やはり心から納得できるお金をお渡ししたいものです。

めぐりのきっかけは
社会への寄付。
世界をよくする
「善きお金」を
あなたの手から。

私は、寄付をお金に広義の愛をのせてめぐらしているものだと考えています。会ったことのないだれかのために、もどってこないお金を差し出すことは、いいめぐりのきっかけになる行動です。

「力になりたい」「役に立ちたい」「なんとかしたい」と、社会に対してもし何か心が動いた出来事があったら、寄付をしてみてください。

気をつける点は3点あります。

1点目。世界的な大きな団体より、身近な団体を選びましょう。広告費で消えない寄付先を選ぶことです。子どもがお世話になった学童保育や地域のボランティア団体など、近くのだれかを助けるほうが愛がシンプルに届きやすいのです。

2点目。だれにも言わないこと。陰徳はやはり尊いのです。だまって寄付することで余計な気持ち（自慢、虚栄）が入らずにすみます。陽徳（善行を公表する）もよいのですが、少し高レベルです。

3点目。多額な寄付は要注意です。家族の楽しみや子どもの食事

地震
募金箱
地震
速報
ニュースを見て「わ、大変そうだな」
NPOなどの活動を知って「応援したいな」
などあなたの気持ちが動いたときに！
少額から。

もおろそかにし、ある宗教団体に寄付をする家庭を知っていますが、そこにあるのは愛ではなく悲しみのエネルギーです。

みなさまもご存じだと思いますが、有名な演歌歌手の方は、大きな災害が起きるとみずからの財産を使い、被災地支援をしてきました。総額40億だと言われています。彼は心ない人にいつも攻撃されていました。「売名行為だ」と。しかし、そのときにこうおっしゃいました。「売名でけっこう。みなさんも今すぐおやりなさい」。くだらぬ横やりなんか気にせず「助ける」という覚悟。見返りも求めない、あつかう愛の大きさに頭を垂れたくなります。

この方くらいになれば、陽徳の意味があると思います。公表することでいいめぐりが大きく広がりますから。

寄付に慣れていないうちは、気持ちが動いたときに少額。「少しでも助けになりますように」と愛をのせて手渡しましょう。

お金の原点は肩たたき券。まず先に、愛があったという記憶。

子どものころ、お父さん、お母さん、おじいちゃん、おばあちゃんに「肩たたき券」をプレゼントしたことはありますか？

「そういえば、手作りしておばあちゃんにプレゼントした！」

「お母さんの誕生日に『お手伝い券』あげたなあ」

みなさん、幼いころの記憶をたどって、うれしそうに答えてくれます。

だれにも教わっていないのに、なぜか知っていた「肩たたき券」や「お手伝い券」。

ここに、お金の原点、めぐりの原点があります。

小さな手で握っていたから、ちょっと湿っぽくなった紙きれ。「かたたたきけん」の文字があちこちにひんまがり、踊っています。右端にはチューリップの絵。裏には「かたがこったらつかってください。５ふん」とごていねいな説明が。

受け取った大人たちが、にっこり笑って「ありがとう」と言ってくれたときのうれしさ。

「あの券で、肩たたきお願い」と言われたときの誇らしさ。あたたかい記憶として残っているのではないでしょうか。

お金の存在を知らない子どもが、「喜んでもらいたい」と思ったとき、だれに教わらなくても「肩たたき券」を作れること。それは生来、人に備わる基本的なやさしさです。

物やお金の前に、まずやさしい気持ちがあるのです。

そのやさしい気持ちを、物や、お金や、肩たたき券に変えただけの話なのです。

やさしくされたら、やさしさを返したいと思います。

親切にされたら、自分もまた別の人に親切にしようと思えます。

やさしさはめぐります。愛情もめぐります。

お金も、そんなふうにめぐっていきます。

本当は、とても簡単な話で、とてもやさしい仕組みなのです。

EUROPE
しごと
ノート
TRAVEL
DESIGN

お皿
かたたたき
かたたたき
けん

おわりに

シリーズ3作目となる『愛のエネルギー家事　めぐるお金と幸せ』を手に取ってくださったみなさま、本当にありがとうございます！　星の数ほどある書籍のなかから、この1冊にたどりついてくださったご縁に深くお礼申し上げます。

あなたの手を通じて、家の中から広い世界に愛をめぐらしていくこと。執筆を始めた当初から、私がいちばんお伝えしたいことでありました。

「めぐり」のことを深くお伝えしていく上で、お金について言及するのは避けて通れないことでしたが、長年、向き合うにはむずかしいテーマでした。

なぜならば、大昔に治癒した自分の古傷を、ゾワゾワしながら見にいく作業から始めなければならなかったからです。さらに、お金については各人の物差しや解釈が大きく異なります。当然、見栄や欲のような重たい話題も混じるので、読者の方の胃が縮み上がらないようにしなければなりません。

ですから本を作り終えた今、「やっと、なんとかできた」が、正直な気持ちで、まさに深く深く呼吸をしているところです。


少し昔話をします。家計が火の車だった、ある夏の思い出です。

セミの声がミンミンと大賑わいの夏祭りの日でした。

福引券が1枚だけあり、まだ2歳にもならない娘を連れて抽選場所の公民館に行きました。置いてあるガラガラポンの高さと、畳の上に立つ娘の背丈はほとんど同じでした。娘にしたら大きすぎる真っ赤な抽選器。でもなんとなく、娘にまわしてもらおうと思いました。

「これ、まわしてね」と言うと、娘はトテトテとガラガラポンに向かいます。ぷくぷくしたえくぼの残る小さな手で、うんこらしょ、どっこいしょ。ゆっくりまわしました。

そうしたら、金色の玉が、トンコトリ。落ちてきました。

見まごうことない1等に、まわりの大人たちはやんややんやの大喝采。カンカーンと鐘も鳴り響き「いやあ！　子どもってすごいねえ！　欲がないからだねえ！」と町の長老たちも破顔です。娘だけがわけがわからず、すきょきょ？という表情。

のし袋に誇らし気に入っていた金額は５０００円でした。私にとっては、1年分のおこづかいか、はたまたビッグボーナスという最強レベルでした。「神様っている！　娘よ、神様よ、ありがとう！」

５０００円が50万円や５００万円にも感じられ、本当にうれしかった！

帰り道は炎天下の登り坂。ママチャリ、人力、ガニまた、立ちこぎでしたが、力がみなぎり、汗がだくだく流れて目にしみました。汗なのかうれし涙なのか。体から喜びの水が流れ出ました。

「本当にお金がない」と思うとき。貧しさで絶望の崖っぷちに立つとき。この話のように、どこかからそっと励ましや救いの情報、または現物が届く出来事が起きます。

ただし、「助けがくるということをあなたが知っていれば」です。ここは太字で強調したい。さらに、その出来事をばかにせず、大きな喜びとして享受すると、助けは入り続けます。

これは、運を天に任せて何もしないという無責任な楽観主義ではありません。また、非現実的な魔法の話でもありません。

大変なときにこそ、愛のエネルギーで生きることを私たちは自分で選べるということです。愛の行動を起こすしか方法がなくなるとも言えます。すると、自然と呼吸が深くなります。だんだん健康な思考と体に変わり、さらなる行動にもつながり、運やお金がめぐるようになります。簡単に言えば、福引のために、暑くても、公民館に自転車で行け！という話ですね(笑)。

最後に。だれもがお金や仕事の苦労を重ねてこられたことと思います。みなさまはきっと、くじけた数だけ強くやさしくなられているはずです。

今まさにどん底にいる方へは、「がらがらぽん」の底力がきっとあることを強くお伝えしたい。きっと助けが入ります。大丈夫です！

やがて来る新しい未来において、心にも体にも毎日の家事にも仕事にも、愛のエネルギーがたっぷり満ちていきますように。そして、その愛のエネルギーが、家族へ、隣の人へ、日本中、世界中へと、やさしくめぐっていくことを信じています。

２０２４年８月

加茂谷真紀

謝辞

「愛のエネルギー家事」は、本書「めぐるお金と幸せ」でシリーズ３作目となりました。今年６月には１作目がベトナム語版に翻訳され、ありがたい、うれしい、しあわせと、胸の奥深くから感謝の言葉が響きます。

樋口社長をはじめ、すみれ書房のみなさまが何から何まで支えてくださったおかげで、シリーズのロングセラー＆第３弾刊行という奇跡が起こりました。心より感謝申し上げます。

編集者の飛田さん。たくさんの打ち合わせ（ときには新宿御苑で！）を通じて、絡んでいた言葉の糸を１本ずつほどき、美しい実用書へと編み上げてくれました。この６年、やさしく、強く、読者さん思いの情熱を見せ続けてくださり、ありがとうございました。感謝の気持ちが源泉かけ流しのようにあふれています。

イラストレーターの本田亮さん。３冊目も繊細さ、やさしさ、あたたかさが三位一体となる絵をありがとうございました。心をわしづかみする絵は、何冊目であろうと眼福です。

アルビレオの草苅さんと小川さん、「めぐるお金」の意図をあますところなく表現くださりありがとうございました。足なみそろった以心伝心のやりとりが、本をよりよきものにしてくれたと感じています。

また本書には、ご縁があったみなさまの「愛とめぐり」のエピソードを盛り込ませていただきました。ここに書き記すことで少しでも恩返しになれば幸いです。

そして、見守ってくれている家族の愛情や忍耐にも感謝しています。いつもありがとう。

全国の書店のみなさま、このシリーズを大切にあつかってくださり、ありがとうございます。店頭で見かけるたび、胸がジーンとしています。

最後に、この本を手に取ってくださった読者のみなさまへ。出会えて本当にうれしいです。ありがとうございました！

加茂谷真紀

加茂谷真紀

Maki Kamoya

80年続く寝具店に生まれ育ち、某企業にて多忙な職務につきながら、家事・子育てを両立してきた。40歳を過ぎたころから、右手で人や物の持つエネルギーを感じ取るようになる。都内のベジタリアンカフェにスカウトされたことをきっかけに、ヒーラーとして活動を始める。著書に『愛のエネルギー家事』『愛のエネルギー家事 すてきメモ303選』（すみれ書房）、『働く私のエネルギー最大化計画』（大和書房）がある。

東京生まれ東京育ち。中学・高校を通して女子校のテニス部部長。家族は山男の夫と、欧州在住の娘。半年に一度、パソコンも携帯電話も持たずに山の旅館にこもり、完全デジタルデトックスしている。

愛のエネルギー家事

定価：本体1350円＋税

人の心を優先すれば、家がすーっと整っていく

口コミで広がりロングセラーとなった「愛のエネルギー家事」シリーズ第1弾。手のひらで愛を伝える家事のやり方を説いた画期的な1冊。決して否定せず、何かを強要することのないやさしい筆致で、「自分の機嫌のよさ」や「気持ちの明るさ」を優先する大切さを伝える。料理、掃除、片づけ、買い物、洗濯ほか、暮らし全般をすべて網羅。イラストを眺めるだけで、おなかの底から楽しいパワーが湧いてくる本。

イラストレーション：本田亮　装丁：アルビレオ

すみれ書房・加茂谷真紀の本

愛のエネルギー家事

すてきメモ303選

定価：本体1350円＋税

生活を明るく変える、
暮らしの提案集

片づけ、掃除、料理、子どもの手当て、仕事への心がけ、元気がないときのセルフケア他、生活を明るくする小さな提案を、短い言葉と絵本のようなイラストで綴った1冊。具体的な家事の提案はもちろん、疲れた心と体を元気にする「ケアの言葉」が大充実。ふと開いたページを読むだけで、気持ちが変わってブワーっとやる気がわいてきたり、ぐるぐると悩んでいたのに、「ま、いっか！」と抜け出せたりする。プレゼントブックとしても大好評。

イラストレーション：本田亮　装丁：アルビレオ

DTP ―――― つむらともこ
校正 ―――― 円水社
イラストレーション ―― 本田亮
ブックデザイン ―― albireo

〔本書で使った用紙〕
本文 ―― オペラクリアマックス
カバー ―― ヴァンヌーボVG スノーホワイト
帯 ―― エアラス スーパーホワイト
表紙 ―― ブンペル ダンボ
別帳扉 ―― TS-9 N-9
見返し ―― NTラシャ 緑

愛のエネルギー家事
めぐるお金と幸せ

2024年10月23日　第1版第1刷発行
2025年6月20日　　　第8刷発行

著者 加茂谷真紀
発行者 樋口裕二
発行所 すみれ書房株式会社
〒151-0071 東京都渋谷区本町6-9-15
https://sumire-shobo.com/
info@sumire-shobo.com〔お問い合わせ〕
印刷・製本 中央精版印刷株式会社

ISBN978-4-909957-42-9 Printed in Japan
NDC590 207p 19cm